南方电网技术标准实用丛书

第四分册

实 践 篇

中国南方电网有限责任公司　组编

中国电力出版社
CHINA ELECTRIC POWER PRESS

内 容 提 要

为加强南方电网标准化人才队伍建设，强化技术标准业务培训，南方电网生产技术部组织南方电网科学研究院等单位编制完成本系列丛书。本系列丛书包括基础篇、编写篇、审批篇、实践篇四个分册，分别从基础、编写、审批、实践的角度，为南方电网提供技术标准实用知识，旨在能直接指导技术标准化相关工作，并提升工作效率。

本分册为《实践篇》，共有 4 章，第 1 章主要为综述，第 2 章主要介绍标准的实施，第 3 章主要介绍各单位标准化工作成果，第 4 章主要介绍南方电网标准化成果。

本套书可作为南方电网技术标准管理、编写、审查、使用人员参考用书，也可供高校学生、其他企业标准管理、编写、审批、使用及其他人员参考。

图书在版编目（CIP）数据

南方电网技术标准实用丛书. 第四分册，实践篇/中国南方电网有限责任公司组编. —北京：中国电力出版社，2019.8

ISBN 978-7-5198-3500-2

Ⅰ. ①南…　Ⅱ. ①中…　Ⅲ. ①电力工业－工业企业－技术标准－中国　Ⅳ. ①F426.61-65

中国版本图书馆 CIP 数据核字（2019）第 189380 号

出版发行：中国电力出版社
地　　址：北京市东城区北京站西街 19 号（邮政编码 100005）
网　　址：http://www.cepp.sgcc.com.cn
责任编辑：岳　璐（010-63412339）
责任校对：黄　蓓　郝军燕
装帧设计：张俊霞　左　铭
责任印制：石　雷

印　　刷：三河市万龙印装有限公司
版　　次：2019 年 9 月第一版
印　　次：2019 年 9 月北京第一次印刷
开　　本：787 毫米×1092 毫米　16 开本
印　　张：7
字　　数：140 千字
印　　数：0001—1000 册
定　　价：30.00 元

丛书编委会

前 言

　　十八大以来，国际、国内形势正在发生深刻变化，我国经济发展步入新常态。党中央、国务院把标准化摆在经济社会发展全局来统筹推进，纳入到国家基础性制度建设范畴，并上升到了国家战略层面，成为促进经济社会健康发展和推进国家治理体系、治理能力现代化的重要手段。习近平总书记一直高度重视标准化工作，并就标准化作出了一系列重要论述，做好标准化工作是贯彻习近平新时代中国特色社会主义思想的必然要求。

　　近年来，国家先后出台或修订了《深化标准化工作改革方案》《中华人民共和国标准化法》《国家创新驱动发展战略纲要》等相关政策法规，明确了标准创新发展的重点。"十三五"期间，电力体制改革进一步深化，新一轮科技革命、产业变革加速兴起，产业相互交融，催生出智能微网、大规模储能、电动汽车等新业态、新产业，"云大物移智"等新技术应用力度不断加深，标准在引领新技术、规范新产业发展的作用日益凸显。做好标准化工作是落实国家战略支撑能源技术革命的必然要求。

　　"一流企业做标准，二流企业做品牌，三流企业做产品"，标准化已成为世界一流企业核心竞争力的重要体现。中国南方电网公司（简称南方电网）党组高度重视标准化工作，孟振平董事长在 2019 年南方电网年度工作会指出，"大力实施标准化战略，推动企业标准向国内、国际标准转化和推广应用，提升公司对行业领域国际标准的贡献度和影响力。""南方电网公司推动高质量发展加快建设具有全球竞争力的世界一流企业的实施意见"已将标准化作为推动南方电网高质量发展五大支撑体系之一，明确提出要建立推动高质量发展的标准体系。标准化是南方电网建设成为能源产业价值链整合和世界一流企业的必然选择。

　　为加强内部标准化人才队伍建设、强化技术标准业务培训、推动标准化工作发展，南方电网精心策划、组织编写了《南方电网技术标准实用丛书》，并由南方电网总工程师汪际峰担任丛书的总策划和总统稿。该丛书共分为 4 册，分别从基础、编写、审批、实践的角度，全面翔实地介绍了南方电网技术标准实用知识。《第一分册基础篇》系统介绍了南方电网技术标准化组织机构、职责、制度、技术标准体系建设和标准制修订全过程管理及标准信息化工具使用技巧等内容；《第二分册　编写篇》详尽阐述了南方电网技术标准编制中的流程环节、研制方法、格式规范、专业术语等要求；《第三分册　审批篇》结合大量实例阐述了各阶段标准审查的内容、要素和方法；《第四分册　实践篇》总结南方电网技术标准工作经验及成果，旨在促进南方电网系统内标准化工作经验的充分交流，为技术标准工作再上台阶奠定基础。

加强标准实施，是提高标准对生产实践指导作用的重要保证。《第四分册　实践篇》主要服务于各级标准工作人员，详尽阐述了南方电网在标准化制度建设、标准实施与效益等方面的实践经验，旨在提升标准实施与闭环管理工作的水平和效率。

《第四分册　实践篇》共有4章，第1章主要介绍南方电网标准化工作历程及发展展望，由周育忠、王昕、吴俊、冷祥彪编写，陈曦、樊灵孟审核；第2章主要介绍南方电网技术标准实施的基本要求以及标准的宣贯培训、承接、执行、评估改进等内容，由李俊超、陈永琴、冯雷编写，李战鹰、宋禹飞审核；第3章主要介绍南方电网下属各单位标准化工作成果，由王昕、张璐璐、叶琳浩编写，罗炜、赵继光审核；第4章主要介绍近年南方电网标准化成果，由王宏、李兴旺、林金、阳曦鹏编写，汪皓、吴新桥审核。全书由宋禹飞、周育忠、王昕统稿；张巍、许卓、赵晓玮、钟伟华、朱永兴、孙文星、何凌崴、董均宇、李德华、李星辰、丁勇、张蓓蕾、覃剑、辛拓、谭子健、章激扬、梁莉雪、于跃、周翔提供了重要资料。

特别说明的是，标准化工作是一项政策性、专业性很强的工作，书中内容与上级机关发布的最新文件不一致时，请以最新文件为准。

本书编写过程中得到了国家标准委、中国电力企业联合会的大力支持和帮助，在此表示衷心感谢！由于我们的知识水平和实践经验有限，书中难免有疏漏和不足之处，欢迎广大读者批评指正。

编　者
2019 年 6 月

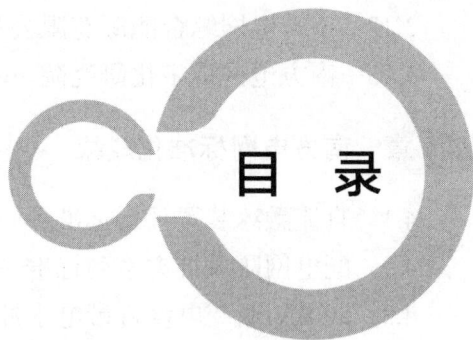

目 录

第 1 章　综述

中国南方电网公司（简称南方电网）成立于 2002 年 12 月 29 日，负责投资、建设和经营管理南方区域电网（覆盖广东、广西、云南、贵州和海南五省区），供电面积 100 万 km^2，供电人口 2.3 亿人，供电客户 7900 万户。覆盖区域东西跨度近 2000km，网内拥有水、煤、核、抽水蓄能、油、气、风力、太阳能等多种电源，形成了"8 条交流、11 条直流"共 19 条 500kV 及以上的西电东送大通道，送电规模超过 5000 万 kW。交直流混合运行，远距离、大容量、超高压输电，大电网安全稳定特性复杂。在驾驭这一复杂大电网的过程中，南方电网在电网安全稳定与控制技术、电网经济运行技术、设备集成应用技术、电力市场等方面取得了一批国际先进、拥有自主知识产权的成果，其中"特高压±800kV 直流输电工程"荣获 2017 年国家科技进步奖特等奖，标志着南方电网在超高压输电领域处于世界领先地位。

在南方电网发展的过程中，始终伴随着标准化实践工作的不断推进。党的十八大以来，南方电网认真贯彻落实国务院《关于印发深化标准化工作改革方案的通知》（国发〔2015〕13 号）和《中华人民共和国标准化法》，积极响应中电联《电力企业实施标准化战略倡议书》。遵循着电力企业自身发展的客观规律，按照"加强公司技术标准工作的顶层设计，夯实公司技术标准工作基础，积极推进技术标准体系四全覆盖及高效应用"的基本思路，标准化实践工作在南方电网实现了全方位的提升，运行机制更加健全，标准化服务发展更加高效，形成了创新驱动有标支撑、转型升级有标引领的新局面。

1.1　标准化工作历程

1.1.1　开展顶层设计，明确工作方向

南方电网充分认识到企业标准化工作的战略高度，通过编制《南方电网公司技术标准战略纲要》，凝聚成了六大关键任务和配套 51 项工作要点，进一步明确了南方电网的标准化战略目标。到 2020 年，南方电网的标准化工作者将着力于建成支撑"两精两优，国际一流"南方电网战略目标的新型技术标准体系，显著增强标准有效性、先进性和适用性，推动企业高质量发展。在此基础上，大幅提升"南网标准"国际影响力和贡献度，推动南方电网成为国内外能源电力领域标准制定的重要参与者。

1.1.2 强化管理落地，夯实管理基础

为了贯彻实施南方电网的标准化工作战略规划，南方电网印发了《公司技术标准管理规定（2018年修订版）》，通过规划建设、运行与控制、运维检修、安全监管、电力营销、信息6个专业工作组的设立，明确了不同专业领域的标准化工作划分。为了加强标准制修订全过程管理，南方电网形成了公司技术工作月度协调会议的常态工作机制，加强了各专业横向协同，提升了标准编制质量。在激发员工标准化工作的积极性方面，南方电网还专门研究补充了标准化工作的激励机制，并在2018年底首次组织开展了南方电网标准创新贡献奖评审，将技术标准创制和实施工作纳入绩效考核。同时，基于"标准实施是标准的生命力"这一认识，南方电网每年大力开展标准实施监督工作，深入设备制造单位开展专项监督，开展标准协调性梳理，分析差异条款产生原因并明确执行意见，避免执行矛盾。

1.1.3 加强标准培训，提升服务水平

南方电网多次组织开展企业技术标准工作培训，进一步提升全员的标准化意识。在集中培训课上，安排标准化专家宣贯标准化重要政策文件、讲解各级标准制修订计划申报技巧和编制要求等内容。针对企业实际，开发完成了南方电网资产管理系统中技术标准管理模块、标准信息App移动应用及标准信息系统二期，更便于企业各级员工对技术标准进行管理、查询以及问题反馈，平台浏览量已达270余万人次。

1.1.4 标准体系不断完善

在认真分析既有南方电网技术标准体系、电力生产和经营业务变化的基础上，南方电网每年均组织专家修编一次技术标准体系。截至目前，南方电网《2018年公司技术标准体系表》已修编完成，收录标准共10093项，其中含企业标准404项，行业标准4284项，国家标准4051项，团体标准127项，国际标准1227项，确保标准管用，促进各项工作的提升。同时，基于提升技术标准体系表系统规划性与方便广大员工使用简易性的考虑，南方电网还创新构建了"公司技术标准体系—资产全生命周期映射表""技术标准体系规划表"，将各项资产所涉及的技术标准划分到规划、设计、采购、建设、运维、修试、退役7个阶段，加强了对资产全生命周期管理的支撑作用。此外，还组织开展直流、OSII、防灾等技术标准子体系建设，实现技术标准体系"全专业、全过程、全方位、全层次"覆盖。

1.1.5 标准化行为不断规范

为发挥标准的规范引领作用，南方电网将标准化行为融入日常的生产经营活动中。按照《电力企业标准化良好行为试点及确认工作实施细则》，南方电网系统11家单位积

极参与了标准化良好行为企业创建活动，促进标准在各分子公司落地生根，其中深圳供电局、贵州电网贵阳供电局 2 家单位通过标准化良好行为企业确认。下一步，南方电网将继续在现有试点工作的基础上，树立示范效应，进一步推进系统内单位积极创建标准化良好行为企业。

1.1.6　品牌影响力不断增强

在夯实自身基础的同时，南方电网的标准化工作也获得了外界同行的一致认可。近年来，全国标准化技术委员会（电力需求侧管理）、国家技术标准创新基地（直流输电及电力电子技术）等极具行业影响力的标准化机构组织相继获批由南方电网筹建，电力行业综合能源和电力设施智能巡检标委会建设、电力行业电力电容器标委员会运行管理亦有序推进。通过申报标准类奖项，南方电网在国家、行业的舞台上展示与分享着自己的先进标准化工作成果，其中直流融冰系列标准、配网防风系列标准获 2018 年中国电力创新奖标准类一等奖。

1.2　各级标委会建设情况

1.2.1　全国电力需求侧管理标准化技术委员会

电力需求侧管理是指电力行业（供应侧）采取行政、经济、技术措施，鼓励用户（需求侧）采用各种有效的节能技术改变需求方式，在保持能源服务水平的情况下，降低能源消费和用电负荷，实现减少新建电厂投资和一次能源对大气环境的污染，从而取得明显的经济效益和社会效益。

2017 年 2 月 3 日，为推动电力需求侧管理标准化工作，国家标准委办公室批准由中国电力企业联合会筹建全国电力需求侧管理标准化技术委员会，相继开展相关筹建工作程序。

2018 年 7 月 26 日，中国国家标准化管理委员会公示拟成立全国电力需求侧管理标准化技术委员会。全国电力需求侧管理标准化技术委员会编号为 SAC/TC575，英文名称为 National 575 on Demand Side Management of Standardization Adminstration of China，主要负责电力需求侧管理基础、需求侧设备、需求侧管理技术、用电与交易策略（不包含用户用电策略管理）等领域国家标准制修订工作。第一届全国电力需求侧管理标准化技术委员会有 51 名委员，秘书处由南方电网科学研究院有限责任公司（简称南网科研院）承担，由中国电力企业联合会负责日常管理和业务指导。

2018 年 11 月 23 日，中国南方电网有限责任公司公示国标委成立，标委会秘书处挂靠在南网科研院。该标委会是南方电网首个全国性标委会，也是我国电力需求侧管理规划化、标准化的重要里程碑。

1.2.2　电力行业电力电容器标准化技术委员会

电力电容器在电力系统中发挥着重要的作用，可以有效地提高电力系统的电压质量和输电能力。电力行业电容器标委会作为国内历史最悠久的电力行业标委会之一，对推动电力电容器产业发展起到了重要作用。2011 年，该标委会秘书处调整到南网科研院。秘书处结合南方电网各分子公司专业特长，积极鼓励和支持南方电网各委员单位参与标准化制定工作，持续推动标准体系建设和维护工作，建立系统、科学的标准体系，并根据专业需求变化及时调整标准体系，建立年度的标准体系表。按照"补齐缺额标准，紧盯发展趋势，及时制定发展急需标准"的总体思路和方针，结合国家标准，根据电力行业需求，将国标已有、但行业尚无的标准缺额，根据轻重缓急，制定了标准编写计划，将电力行业需要的缺额标准补齐。此外，对于重点标准，开展实施情况的分析研究。

此外，该标委会积极开展标准宣贯工作，探索建立了多渠道、多形式的标准宣传模式，积极开展重要标准的宣贯工作，让运行单位和制造单位更加熟悉和理解标准内容，保证和促进重要标准的顺利实施和贯彻。

1.3　标准国际化发展

1.3.1　参与国际标准化组织情况

南方电网充分发挥标准国际化工作在"一带一路"建设中的支撑作用，根据《标准联通共建"一带一路"行动计划（2018—2020 年）》《电力行业贯彻落实标准联通共建"一带一路"行动计划（2018—2020 年）实施方案》《中国南方电网有限责任公司标准化战略纲要》等文件，编制《南方电网标准国际化行动方案》，多年来与 IEC、IEEE 等国际标准化组织持续开展紧密合作。

积极推荐南方电网领导承担国际标准化组织工作组召集人职务。目前南方电网共有国际标准化组织工作组召集人 4 人次，包括 IEC TC 22/SC 22F/AHG 5 工作组召集人以及 IEEE PES SBLC China WG 等 3 个工作组的召集人。工作组召集人负责制定标准编制计划，安排工作组会议，联系并协调各专家的分工与合作，任职资格条件较高。召集人职位的获取，是引领国内先进技术标准向国际标准转化的良好开端，对于南方电网争取相应国际标准编制的主导地位、提升话语权具有重要意义。随着南方电网在直流输电技术领域的深入研究，技术实力不断增强，目前正由南网科研院争取向 IEC 推荐专家担任直流输电过电压及绝缘配合标准工作组的召集人。

积极推荐南方电网技术骨干申报国际标准化组织注册专家。据统计，南方电网目前在 IEC 及 IEEE 各工作组注册专家合计 66 人次。注册专家作为国际标准化组织工作组成员，配合工作组召集人开展标准制定工作。拟参加工作组的专家，需首先向国内技术对口单位提出申请，国内技术对口单位负责对专家进行资质审查，并经国务院标准化主管部门审核后，统一对外报名注册。根据南方电网目前正在申报注册专家的工作进展情况，2019～2020 年南方电网预计增加注册专家 6 人次。

积极参与国际标准化机构、跨国联盟组织的标准化活动。目前，南网科研院是 CIGRE 的集体会员、国际电力交流协会高级会员、CIGRE 中国国家委员会高压直流输电与电力电子专业委员会（B4）挂靠单位。2018 年南方电网超高压公司成功筹建 IEEE PES 直流电力系统技术委员会并承担秘书处工作。通过广泛参与国际标准化活动，南方电网进一步加强与国内外相关单位的交流合作，加速国际化进程，为南方电网标准国际化夯实了工作基础。

1.3.2 参与国际标准化工作成果

南方电网持续推进国际标准化布局，加大优势国际标准编制力度，在直流输电、在线监测、通信和保护、需求侧响应等领域实现国际标准突破。截至 2018 年，南方电网主导及参与并完成发布的国际标准共 8 项，如表 1-1 所示，正在主导起草国际标准 4 项，参与编制国际标准 8 项，正在申报立项国际标准 1 项。

表 1-1　　　　　　　　　　已 完 成 国 际 标 准

序号	标准类型	标 准 名 称	标准编号	立项时间	颁布时间
1	IEC/IEEE	Power transformers-part57-129: Transformers for HVDC applications	IEC/IEEE 60076-57-129: 2017	2013	2017.11
2	IEEE 标准	《适用于智能电网应用的中频（低于 12MHz）电力线载波通信技术标准》（Medium Frequency（lessthan12MHz）Power Line Communications for Smart Grid Applications）	IEEE Std 1901.1™-2018	2016.9	2018.5
3	IEEE 标准	IEEE Guide for Establishing Basic Requirements for High-Voltage Direct-Current Transmission Protection and Control Equipment	IEEE Std 1899™-2017	2013.10	2017.2
4	IEEE 标准	Recommended Practice for Space Charge Measurements in Extruded High Voltage Direct Current Cables for Rated Voltages up to 550kV	IEEE Std 1732™-2017	2015.5	2017.6
5	IEEE 标准	IEEE standard for HVDC composite post insulators	IEEE Std 1898™-2016	2013.8	2017.12
6	IEEE 标准	IEEE Guide for the Benefit Evaluation of Electric Power Customer Demand Response	IEEE Std 2030.6™-2016	2013.10	2016.5
7	IEEE 标准	IEEE Guide for Online Monitoring and Recording Systems for Transient Over voltages in Electric Power Systems	IEEE Std 1894™-2015	2013.5	2015.12
8	ITU/3GPP 标准	差动保护在智能电网配电网中的应用	TR 22.804	—	2018.11

IEEE Std 1899《高压直流输电控制保护设备技术导则》、IEEE Std 1898《高压直流复合支柱绝缘子标准》、IEEE Std 2030.6《电力用户需求响应效益评价技术导则》系列标准为南方电网首批牵头制定的 IEEE 国际标准。该系列标准内容填补了相关领域的空白，可作为高压、特高压直流输电工程规划、系统研究、工程设计、设备制造、运行检修各个环节的参考性技术规范。标准已推广应用于国内外多条高压、特高压直流工程，取得了明显的经济效益和社会效益，技术成果具有国际领先地位，先后获得南方电网科技进步一等奖、电力科技进步一等奖、国家科学技术进步特等奖。该标准的实施应用全面提升了我国直流输电技术的核心竞争力，确立了我国在直流输电技术、电力需求侧管理方面的国际领先地位，实现了技术和装备走出国门，提高了南方电网在国际电力行业的影响力。

南方电网将继续加强企业优势特色领域及战略性新兴产业领域国际标准研制的前瞻布局，聚焦直流输电、海底输电、直流融冰、STATCOM、电动汽车充电设施、储能、超导等关键装备与技术，加强可持续发展、绿色能源、电力基础设施等国际标准的跟踪研究，积极参与企业核心业务相关的国际标准化工作，主导或实质性参与更多国际标准研制。

1.4   重点领域标准化发展展望

1.4.1   电网规划建设领域

可再生能源替代化石能源的革命，必将引起传统电网的深刻变革。南方电网将以国家、行业相关政策为指导，围绕自身整体发展规划，以推动产业布局优化、加快新能源发展为着力点，促进特高压电网、柔性直流输电、智能配电网、新能源并网等领域创新成果标准化，推进相关成果纳入国家、行业、团体和公司企业标准，健全和完善电力规划设计标准，实现电网电源科学、系统、协调一致发展。开展全电压等级电网规划设计标准国际化路线构建，为实现"国际一流"电网提供技术支撑。

1.4.2   电网运行与控制领域

在特高压交直流电网运行控制、新能源接入与消纳、市场化环境下调控模式、调控技术手段革新等形势下，南方电网将着眼于研究特高压交直流混联大电网安全稳定、仿真计算、运行控制、新能源并网运行、网源协调等运行管理关键技术，优化相关标准体系，提高电网运行技术支撑能力。按照市场化原则和方式，研究制定相关标准，引领能源资源优化配置。

1.4.3 电网运维检修领域

为适应交直流混合电网运维检修业务发展要求，南方电网将积极推进运维检修技术与大数据、云计算、物联网、移动互联等新技术的深度融合，进一步完善运维检修技术标准体系建设，规范设备、通道、运维检修及生产管理智能化技术要求，提升设备状态管控能力、提升运检管理的穿透力，为坚强智能电网建设和运行提供保障。

1.4.4 电网安全监管领域

围绕"两精两优，国际一流"战略发展目标，南方电网将建立涵盖安全生产、职业健康、环境安全的安健环管理体系，保障安全发展、科学发展和可持续发展。

1.4.5 电网市场营销领域

围绕"一主两翼，国际拓展"的产业布局，南方电网将健全覆盖电能计量、营业服务、营销技术、需求侧管理、用电安全、电动汽车、电能替代的电力营销标准化体系，提高能源计量与管理水平，持续完善智能量测标准体系，促进电力营销标准体系与经济社会发展深度融合，为南网的"十三五"发展战略提供保障。

1.4.6 电网信息化领域

紧密跟踪信息通信新技术发展趋势，南方电网将结合自身的信息通信"十三五"规划，推动云计算、大数据、物联网、移动互联、5G 等新技术标准化体系建设，加快数据资产管理、网络安全和通信接入网方面的国家、行业标准研制，提高公共服务能力，有效推动企业经营模式创新和新兴业务拓展，从技术创新角度推进公共服务能力提高，为与周边国家互联互通的重点工程建设提供保障。

第 2 章　标准的实施

2.1　概述

技术标准源于科学研究和实践经验的提炼和总结，技术标准的实施，就是要将技术标准规定的各项要求，通过一系列具体措施，贯彻到生产、建设中去。只有通过与业务活动的紧密结合，通过实施，才能发现存在的问题，找出解决的办法，才能不断把现在科学技术成果纳入标准，纠正标准不足之处，较好为企业发展服务，最终推动企业生产技术水平发展。

技术标准的有效实施涉及范围广、层级多、流程长，是一项长期、复杂的管理创新工作。南方电网技术标准是企业组织生产经营活动的技术依据，要将技术标准实施真正融入到各单位业务活动中，对接到流程中，使业务人员做到对相关技术标准了然于胸，并在业务活动中自觉应用，真正实现科技研发、标准制定与工程应用一体化推进，保障电网安全、稳定、高效运行。

南方电网技术标准实施实行统一领导、分级管理、专业负责。南方电网所属各单位是技术标准的实施主体，各单位应以南方电网技术标准作为组织生产、经营活动的主要技术依据，自上而下逐级分解，开展技术标准与业务流程的对接，使技术标准的实施贯穿各层级，推进适用标准的有效执行。通过技术标准实施的监督、评价、建议反馈等，不断提升技术标准的适用性和精准度。

南方电网《技术标准管理规定》明确，技术标准一经颁发实施，即对全企业具有约束力。企业规定若违反有关技术标准，造成人员伤亡、设备损坏或其他严重社会危害后果的，依照国家标准化法追究有关人员的民事或刑事责任，涉及工作失职的按照企业员工惩处、问责管理的相关规定执行。

在南方电网标准化实践过程中，切实体会到标准实施在标准化工作中的重要性。《中华人民共和国标准化法》明确规定，标准化工作的任务是"标准制定、组织实施标准和对标准的实施进行监督"。标准是实践经验的总结，更是指导实践的统一规定。这个规定是否科学、合理，也只有通过实施才能得到验证。一项标准发布后，能否达到预期的经济效果和社会效益，使标准由潜在的生产力转化为直接的生产力，关键就在于认真切实地实施标准。为了加大标准的实施力度，提高标准对生产实践的指导作用，南方电网总结出了一套标准实施新理论、新方法，并取得了良好的效果。

2.1.1 标准实施的原则

标准实施应坚持合法性原则，即遵守国家有关法律、法规、规章的规定和强制性标准的要求，保证安全、保护环境，提升产品和服务质量，促进科学技术进步。比如长春长生生物科技有限责任公司疫苗生产过程中存在记录造假行为，意味着疫苗生产流程事实上与强制性标准要求不符，使得疫苗质量不可控，这些疫苗在市场上流通使用，严重危害人民群众的生命健康，违反了《中华人民共和国标准化法》关于强制性标准的规定，因此该企业被调查处罚，受到应有的法律制裁。

标准实施应坚持系统性原则，统筹兼顾，有计划、有步骤地进行。标准之间存在相互联系、相互制约的关系，标准的实施涉及多个部门、多方面人员参与，因此，实施标准的过程中应把握标准间的协调性，既要保证各项标准能实施到位，又要保证各活动之间相互衔接，避免矛盾、交叉，以保证标准实施的总体效果。当企业建立了标准体系后，其所有标准应作为一个整体来实施。比如，一项新标准某些章节引用了其他标准，同时又涉及不同的专业，在标准实施过程既要执行新标准又要兼顾其引用的标准，不同专业应该遵循标准中对应的专业内容部分，做到整体有机统一。

标准实施应坚持有效性原则，全面、准确地实施标准，注重实施效果。实施标准时，既要考虑眼前利益，又要考虑到长远利益，比如某项标准实施时与企业生产计划或生产任务发生抵触，甚至会显著产生额外成本，此时要照顾到眼前，更要考虑到长远规划，看到标准实施后潜在的效益，近期的利益应服从长远利益。标准实施过程涉及众多利益对象，并不是每个个体对象都能在标准实施中获益得利，比如一些强制性标准可能会增加某个企业、某些单位的生产成本，但是却对整个社会或整个集团的生产安全、生产秩序有重大影响，明显提升整个社会或集团的效益，因此应顾全大局，局部服从整体。同时在保证标准贯彻执行的前提下，要因地制宜，充分考虑企业不同的设施设备、环境、人员和技术条件，区别对待，合理配置资源，并努力改善条件，注重实施效益最大化。

标准实施应坚持持续性原则。实施标准是一个不断重复的循环过程，应使每一次循环的各个环节均符合标准要求，但是这个循环不是简单的重复，而是一个不断改进螺旋上升的过程，需要不断改进实施方法，提高实施效果。

2.1.2 标准实施的基本步骤

为贯彻执行制定或修订的技术标准，相关部门可以通过以下几个环节的执行，促进标准的实施落地。

（1）标准的获取。随着科学技术的发展，电力行业技术要求越来越复杂，生产协作越来越广泛，许多工程建设往往涉及多个专业，这就必须通过实施多专业的技术标准，以提高质量和保护安全。南方电网发布的技术标准体系表，理顺了企业技术标准，为工程技术人员提供技术参考依据，为企业生产经营活动提供技术辅助支撑。

标准实施具有全方位、多层次的基本特征，而技术标准体系具有时间性和空间性，所以技术标准的实施需要"有标可用"，即通过结合自身业务开展需要，系统性地将有效标准归纳在一起，这就是标准辨识。

企业技术标准体系设置了规划设计、工程建设、设备材料、调度与交易、运行检修、试验与计量、安健环、技术监督、市场营销、信息技术、新能源与节能、支持保障共 12 个专业类别，技术标准体系表中将各项专业技术标准划分到规划、设计、采购、建设、运维、修试、退役等 7 个阶段和初设、施工图、招标、品控、施工工艺、验收与质量评定等 14 个分阶段中，实现对生产设备的全生命周期管理和电网规划、建设、生产运行等电力生产环节的全过程管理。

技术标准的辨识、获取由各分（子）公司、地市供电企业、地市供电企业二级机构乃至各基层班组结合自身业务开展需要，系统性地将有效标准归纳在一起。各分（子）公司、地市供电企业、地市供电企业二级机构可以公司技术标准体系表为基础，组织各业务部门及二级单位按照企业精益化管理要求，分别辨识其职责范围内应实施的技术标准，形成各层级、各专业适用的技术标准体系（清单）。各分子公司在收到新发布/废止南方电网技术标准的通知文件应及时转至相关业务管理部门、单位，采用多种途径将技术标准更新信息及时传达到各业务岗位，使应执行的技术标准无缺失。

班组（站）可结合生产班组建设等开展标准辨识工作，确定业务范围内应执行的技术标准，形成技术标准清单，把每一项技术标准对应到具体的作业项目（工作项目），在工作中执行技术标准无偏差。以化学专业为例，在技术标准表中除技术监督基础综合、技术监督其他所例有关标准外，主要执行体系表中图 2-1 所示"技术监督—化学"的 23 份技术标准。

但对于供电局化验班组来说，工作职责不涉及火力发电厂，通过辨识，体系表中的《火电发电厂水汽化学监督导则》《火电发电厂水处理用 001×7 强酸性阳离子交换树脂报废标准》《火力发电机组及蒸汽动力设备水汽质量》等就不需列入班组适用技术标准清单。

（2）实施技术标准的宣贯。技术标准的宣贯要有针对性。对于如《电力设备检修试验规程》（Q/CSG 1206007）等重要技术标准，首先由南方电网技术标准工作组组织宣贯，然后分子公司、地市供电局逐级组织学习培训；其他技术标准主要由分子公司、地市供电局组织宣贯。通过宣贯培训，使业务部门、班组熟知本业务范围内应执行的技术标准。

（3）标准的承接。南方电网技术标准的实施主体是各分子公司、地市供电局（包括二级机构），是各单位组织生产、经营活动的主要技术依据，故将各专业应执行的技术标准对接到相应业务流程中是整个标准实施阶段的重要一环。

208.8 技术监督-化学				
7598	208.8-1	DL/T 246-2015	化学监督导则	行标
7599	208.8-2	DL/T 561-2013	火力发电厂水汽化学监督导则	行标
7600	208.8-3	DL/T 595-2016	六氟化硫电气设备气体监督导则	行标
7601	208.8-4	DL/T 673-2015	火力发电厂水处理用001×7强酸性阳离子交换树脂报废标准	行标
7602	208.8-5	DL/T 705-1999	运行中氢冷发电机用密封油质量标准	行标
7603	208.8-6	DL/T 889-2015	电力基本建设热力设备化学监督导则	行标
7604	208.8-7	DL/T 941-2005	运行中变压器用六氟化硫质量标准	行标
7605	208.8-8	DL/T 1096-2008	变压器油中颗粒度限值	行标
7606	208.8-9	DL/T 1360-2014	大豆植物变压器油质量标准	行标
7607	208.8-10	DL/T 1419-2015	变压器油再生与使用导则	行标
7608	208.8-11	GB/T 7595-2017	运行中变压器油质量	国标
7609	208.8-12	GB/T 7596-2017	电厂运行中矿物涡轮机油质量	国标
7610	208.8-13	GB/T 8905-2012	六氟化硫电气设备中气体管理和检测导则	国标
7611	208.8-14	GB/T 12145-2016	火力发电机组及蒸汽动力设备水汽质量	国标
7612	208.8-15	GB 15603-1995	常用化学危险品贮存通则	国标
7613	208.8-16	GB/T 22906.3-2008	纸芯的测定 第3部分：水分含量的测定(烘箱干燥法)	国标
7614	208.8-17	GB/T 27417-2017	合格评定 化学分析方法确认和验证指南	国标
7615	208.8-18	GB 31040-2014	混凝土外加剂中残留甲醛的限量	国标
7616	208.8-19	GB/T 32464-2015	化学分析实验室内部质量控制 利用控制图核查分析系统	国标
7617	208.8-20	GB/T 32465-2015	化学分析方法验证确认和内部质量控制要求	国标
7618	208.8-21	GB/T 35655-2017	化学分析方法验证确认和内部质量控制实施指南 色谱分析	国标
7619	208.8-22	GB/T 35656-2017	化学分析方法验证确认和内部质量控制实施指南 报告定性结果的方法	国标
7620	208.8-23	GB/T 35657-2017	化学分析方法验证确认和内部质量控制实施指南 基于样品消解的金属组分分析	国标

图 2-1　技术监督—化学专业技术标准目录

（4）标准的执行。南方电网技术标准体系表（2018版）内的标准分为强制性技术标准和推荐性技术标准，在各项生产、经营活动中，强制性技术标准必须严格遵照执行，推荐性技术标准参照执行。

（5）标准的执行监督。技术标准执行工作完成后，各级单位技术标准化业务部门应检查技术标准的贯彻落实情况。检查依据包括技术标准实施工作计划和新编或修编标准的文本、编制说明以及实施指南等相关资料。对技术标准的贯彻落实不到位的单位/部门应要求整改或予以通报。

（6）标准的评估改进。技术标准实施后应对技术及实施过程、问题进行总结概括，一般通过文字记录形成报告类文件资料，并对文件进行归类、整理、立卷归档。总结报告主要包括以下内容：技术方面、方法方面、标准实施过程中遇到的问题和意见、对下一步实施工作的改进建议和对技术标准的修改意见和建议等。总结报告应反馈各级单位技术标准化委员会办公室，以便其必要时修编技术标准实现技术标准的持续改进。

2.2 标准的宣贯培训、衔接及执行

2.2.1 标准的宣贯培训

标准的宣贯培训工作是实施标准过程中的一项关键环节，是推广、实施标准的有效方法。每项技术标准的实施都需要实施技术标准的人员能够理解和掌握标准的内容与要求，而标准宣贯培训的效果直接影响到标准的实施效果和执行力度。为了给标准的实施奠定扎实的基础，提高标准实施的有效性，企业应积极开展标准化宣传工作，及时组织对标准的宣贯培训，让所有执行者知道有标可依、有标可用，且能够正确、准确理解和使用标准。

由于在标准化活动不同层级的单位或工程技术人员的职能和角色的差异，技术标准的宣贯要有针对性，宣贯培训内容和形式也应有所区别，以让执行层理解和掌握适用技术标准的内容与要求，为技术标准的顺利实施奠定基础。对于如《电力设备检修试验规程》（Q/CSG 1206007）等重要技术标准，首先由南方电网技术标准工作组组织宣贯，然后分子公司、地市供电局逐级组织学习培训；其他技术标准主要由分子公司、地市供电局组织宣贯。通过宣贯培训，使业务部门、班组熟知本业务范围内应执行的技术标准。

2.2.1.1 南方电网标准宣贯培训

标准宣贯培训是一项复杂细致的工作，对于一些重要的技术标准，根据标准的内容、范围及复杂程度，由南方电网组织宣贯培训，负责起草单位或标准化专业技术归口单位对技术标准进行讲解，主要包括标准制定的背景和目的、标准条文、标准在实施中应注意的问题，对于代替旧标准的新版标准，还应通过编写新旧标准内容对照表、新旧标准更替注意事项及其他参考资料等。标准化工作是一个涉及各层面各专业的系统工程，对南方电网的生产经营活动具有广泛的影响，因此标准化宣贯培训可采取多种形式开展。包括公文和文件形式、网络形式、专家培训等。

2.2.1.2 分子公司标准宣贯培训

各分子公司是标准编写和实施的主体，应通过多种途径、多种形式和多种方法大力宣贯标准化理念，深入开展标准化培训。分子公司积极执行南方电网关于技术标准宣贯的部署要求，及时传达相关信息。同时分子公司技术标准归口管理部门及时将新版本或作废的技术标准逐级传递至业务部门，各业务部门组织员工学习，掌握如何实施执行标准去规范指导生产经营活动。

2.2.2 标准的承接

南方电网所属各单位是南方电网技术标准的实施主体，可以根据南方电网技术标准

体系结合自身专业特点规划或编制技术标准子体系。各单位规划或编制的技术标准子体系包含的技术标准（含技术规范书）应覆盖所在单位的各类业务以及相应的业务流程，不能遗漏。各单位在设备选型、物资采购、基建验收、运维检修等业务环节中须严格按照相应的标准条款执行，同时参考南方电网各专业部门制定的典型业务指导书或典型作业指导书。

南方电网技术标准、管理标准和岗位标准是南方电网各专业部门制定典型业务指导书、作业指导书的重要依据，典型业务指导书、作业指导书是南方电网所属单位制定业务指导书、作业指导书的基础，因此业务指导书、作业指导书是南方电网技术标准、管理标准和岗位标准在所属各单位相关业务领域的具体表现，两者应相辅相成，所有条款须保持高度一致。各专业管理及工作人员，应及时了解南方电网以及国家、行业涉及本专业相关技术标准的发布情况，并可以熟练应用相应的标准条款。

南方电网各专业部门制定典型业务指导书、作业指导书时，必须融入本专业领域技术标准、管理标准和岗位标准中的核心条款。各省级单位应遵从"从实践中来，到实践中去的"原则，并根据南方电网典型业务指导书、作业指导书，编制本单位的业务指导书和作业指导书。各省级单位编制的业务指导书和作业指导书应囊括自身的全部业务，并应结合自身业务需求对典型业务指导书、作业指导书增加或细化相应条款。地市单位应对省级单位制定的业务指导书和作业指导书进行本地化修编，修编时应贴切自身岗位，保证每个业务、每项作业都有相应的指导书，使技术标准实施真正融入到各业务，在日常工作中自觉应用，真正实现标准制定与工程应用一体化推进，保障电网安全、稳定、高效运行。

基层班组应熟知或掌握本班业务范围内应执行的技术标准，及时修编作业指导书，将班组应执行的技术标准对接到作业流程中。比如试验规程中 SF_6 断路器现场分解产物测试，在南方电网 2017 年发布《电力设备检修试验规程》（Q/CSG 1206007—2017）后原规程即废止。原规程中一氧化碳的注意值不大于 $100\mu L/L$（如图 2-2 所示），新规程中一氧化碳的注意值调整为不大于 $300\mu L/L$（如图 2-3 所示），且在检测周期上增加了"投运前新充气 24h 后"。对于这类技术标准，班组就需及时修编相关作业指导书，以确保工作中技术标准的执行没有偏差。

3	现场分解产物测试，$\mu L/L$	1）投产后满1年1次，如无异常，其后3年1次 2）大修后 3）必要时	超过以下参考值需引起注意： SO_2：不大于$3\mu L/L$ H_2S：不大于$2\mu L/L$ CO：不大于$100\mu L/L$

图 2-2 《电力设备预防性试验规程》7.1 SF_6 断路器和 GIS

| 38 | 现场分解产物测试,μL/L | B2 | 1) 投运前新充气24h后 2) 投产及A修后1年1次,如无异常,其后3年1次 3) 必要时 | $SO_2 \leqslant 3$（注意值）,$H_2S \leqslant 2$（注意值）,$CO \leqslant 300$（注意值） |

图 2-3　《电力设备检修试验规程》8.1 SF_6 断路器

2.2.3　标准的执行

2.2.3.1　标准执行的要求

在各项生产、经营活动中,强制性技术标准必须严格遵照执行,推荐性技术标准参照执行。技术标准在执行过程中若发现有交叉的,应以强制性技术标准为准。

对直接执行的技术标准在执行过程中发现的标准不适用、交叉矛盾等问题应及时记录并层层上报,由技术标准工作组组织复审以确定该技术标准是否废止。确要废止的技术标准,需报南方电网技术标准委员会批准发文废止,不用废止但需修订的由标准工作组提出本专业领域技术标准修订计划申请立项。

对于南方电网技术标准未覆盖的专业领域,特别是发展较快的新技术领域,各单位、部门应及时收集资料,综合考虑标准紧迫性、适用性、是否成熟等情况,先行颁发只在本单位、本专业试行的技术标准。或者新建工程、科技项目、技术改造的相关设备并网运行时,若无相关技术标准作为依据,需提前制定配套技术标准,并颁布或试行,但颁发试行前应征求南方电网相关职能部门同意并报南方电网技术标准化委员会办公室备案。

2.2.3.2　标准执行的模式

技术标准可选择直接采用/沿用、按需选用、过渡实施等模式来执行。直接采用/沿用是对照技术标准的相关文件,完全依文贯彻实施。当新技术标准实施,没有对应的旧标准与之发生牵连关系时,各单位可按文件直接采用国家标准、行业标准、地方标准、企业标准。如南方电网技术体系表中 2.42.5.1-35《输变电工程达标投产验收规程》(DL 5279—2012),在建设、验收和质量评定环节,输、变电专业都必须按规程规定执行。

按需选用是根据本单位的需要选取标准中部分内容实施。如本地化为标准是在遵守国家标准、行业标准的基本规定和内容的前提下,不降低技术标准要求,只需保持标准水平,用简化形式将所选用的内容作标准名称,另行编号发布。改编企业标准是根据自身需要,将新技术标准中与自身相关的要求在已有的企业标准中明确。颁布补充规定是根据自身生产特点对上级技术标准中所缺少的内容提出规定，以此作为上级技术标准的补充，如变压器选型、设备采购、验收及运行等全过程管理中，除了技术标准体系表中所列相关技术标准外，南方电网发布的反事故措施中"防止变压器事故"就属于补充规定。

过渡实施是新技术标准发布后，涉及已按旧技术标准实施或正在实施的技术或项目，有一个吸收、消化运用的过程，以解决新旧技术标准的过渡问题。如部分在运老旧变压器，随着电网的发展，其抗短路能力已不满足标准规定，需要对设备进行大修、改造等措施以满足新技术标准要求，但变压器的更换有较大难度或工作量较大时，可以提出临时管理办法，既要实现对风险的管控，又要实现为新旧标准的平稳有效过渡提供条件。

2.2.3.3 标准执行示例分析

在项目的设计、施工等各环节中，相关指导文件所含的技术要求应包括南方电网装备选型技术导则，最新颁布的国家标准、行业标准、企业标准、国际标准，试验项目和试验判据不应低于相应国家、行业、企业以及国际标准，确保指导文件要求全面、标准适度。

示例 2-1：工程设计阶段（局部）

××工程施工图设计阶段审查意见反馈表		
审查单位名称：×××（×××专业）审查单位盖章：		
图纸、资料名称		×××工程施工图设计阶段图纸
图纸、资料来源		×××部
图纸、资料设计单位		×××设计院
收到资料日期		20××年××月××日
意见反馈日期		20××年××月××日
审查人员（专业）		×××
电气接线	电气主接线	1. 根据《防止电力生产事故的二十五项重点要求》第 13.1.7 条，为便于×××。请设计考虑
	站用电接线	无
电气一次设备	主变	无
	断路器	1. 根据《防止电力生产事故的二十五项重点要求》第 13.1.6 条，SF_6 密度继电器……。请设计考虑
	隔离开关	无
	电压互感器	1. 根据《防止电力生产事故的二十五项重点要求》14.4.2 条，为防止……。请设计考虑
	电流互感器	无

电气一次设备	避雷器	无
	开关柜	无
	站用系统	无
	站用变	无
	无功系统	无
	导体	1. 根据《南方电网公司 2017 年度反事故措施》第 2.8.1 条，对于新建变电站的……。请设计考虑。 2. 根据《南方电网公司 2017 年度反事故措施》第 2.9.8 条，新采购的户外 SF$_6$ 断路器……。请设计考虑。 3. 根据……
	其他	无
电气平面布置	电缆设施	无
	室内外设备布置	无
……	……	……

示例 2-2：设备验收阶段（局部）

×××工程×××设备出厂试验监造报告

一、监造项目

×××工程 220kV 变压器出厂试验现场见证。

二、监造信息

（一）监造地点：×××

（二）监造时间：×××

（三）监造人员：×××

……

三、技术要求

本次监造工作按照公司《×××全过程技术监督精益化管理实施细则》、《防止电力生产事故的二十五项重点要求》……等技术标准及《×××技术规范书》要求执行，详细内容见技术规范书附件。

四、监造情况

（一）设备概况

型号：×××，额定电压：×××，……

（二）试验项目

绕组直流电阻测量、电压比测量、联结组别检定……

（三）发现的问题：

1. 第 1 次长时感应耐压试验，变压器高压侧 C 相局部放电量不满足《电力变压器第 3 部分：绝缘水平、绝缘试验和外绝缘空气间隙》（GB 1094.3—2003）中条文 12 的规定。

2. ……

（四）问题整改情况

1. 厂家吊检变压器，更换 6 根靠近 35kV 侧 C 相的夹持木件、绑扎带等绝缘件后长时感应耐压试验合格。

2. ……

五、其他

……

示例 2-3：竣工验收阶段（局部）

×××工程竣工验收方案

一、目的

为指导和规范对×××变电站工程设备的验收管理工作，提高设备验收质量，在验收工作中把落实各项技术标准、反事故措施、隐蔽工程检查、一二次联调等做为重要质量控制点，防止……。

二、适用范围

本方案适用于×××变电站工程范围内设备的竣工验收工作。

三、验收依据

《中国南方电网电力设备交接验收规程》（Q/CSG 1205019—2018）

《中国南方电网公司反事故措施》（2018 版）

《中国南方电网有限责任公司 10kV～500kV 输变电及配电工程质量验收与评定标准》

《变电设备在线监测装置通用技术规范》（Q/CSG 1203021—2016）

《电气装置安装工程质量检验及评定规程》（DL/T 5161.1～5161.17—2002）

《电气装置安装工程电气设备交接试验标准》（GB 50150—2016）

《防止电力生产重大事故的二十五项重点要求》

……

四、验收

（一）组织措施

……

（二）验收计划

……

（三）各专业验收重点关注事项

1. 变电一次运行：×××

2. 检修、试验：×××

3. 继保自动化：×××

4. 热工仪表：×××

……

五、验收过程中的危险点分析及预控措施

验收过程中，严格按照作业风险数据库中辨识的作业危害及风险，采取……

示例 2-4：运维检修阶段（作业指导书修编）

35～220kV SF$_6$瓷柱式断路器预防性试验作业指导书				
一、基本信息				
作业任务：				
作业开始时间：		作业结束时间：		
作业班组：		工作负责人：		
工作成员：				
工作地点：				
天气：		湿度：		
气温：		试验性质：		
二、工作对象				
设备名称	功能位置	型号	生产厂家	出厂日期
三、作业前准备				
序号	准备项	内容	确认	
1	仪器工具	取用在合格有效期内的兆欧表、回路电阻测试仪、介损测试仪、万用表、断路器动作特性分析仪		
2	技术资料	试验规程 Q/CSG 1206007—2017 《电力设备检修试验规程》、上次试验报告，被试设备的缺陷记录和相关的检修记录		
四、作业风险				
略				
五、作业过程				
（一）断口间并联电容器的绝缘电阻、电容量和 tanδ（略）				
（二）分、合闸电磁铁的动作电压（略）				
……				
（五）测量断路器的速度特性（修编新增项目）				
1. 仪器仪表				

序号	名称	型号	厂家	编号	有效日期

2. 作业标准

序号	工作内容	作业标准	确认
（1）	断路器的速度特性	测量方法和测量结果应符合制造厂规定	
（2）	测量要求	必须在额定操作电压及额定SF$_6$压力下进行	

3. 作业步骤

序号	内　　容	确认
（1）	工作人员戴上绝缘手套并使用放电棒对被试品充分放电	
（2）	将试验仪器可靠接地	
（3）	测量断路器速度特性时：将速度传感器装在规定位置，220V电压下分合断路器读出速度测量值	
（4）	工作负责人确认测试线连接正确，呼唱并确认安全距离足够后，启动测量	
（5）	正确记录数据	
（6）	测量结束后断开电源	
（7）	先拆除测试接线，后拆除试品及试验仪器接地线	

4. 作业记录

（自定义表格）

六、作业终结

工作结论：

检查设备：		确认：
清理、恢复现场	拆除试验电源，将仪器、工具、材料等搬离现场，检查被试设备是否恢复到作业前的状态，检查无遗漏	确认：
……	……	……

2.3　标准的执行监督及评估改进

标准执行监督指对标准实施过程和效果的监督与检查，是保证标准得以贯彻执行的一项重要措施，也是企业标准化管理体系的一个重要过程。南方电网相关职能部门及技术标准工作组应对技术标准实施过程进行必要的跟踪和指导，及时收集反馈技术标准实施过程中的意见和建议。

2.3.1　标准实施的基本要求

对标准的实施进行监督检查，是南方电网保证技术标准得以贯彻执行的一项重要措施。制定标准—实施标准—对标准的实施进行监督检查—分析改进，以及再修订，周而复始的循环运作过程缺少哪一个环节都不行。标准制定得再好，若不实施就等于没有制定，实施了，不到位也不行，而监督检查就是来把这道关。

2.3.1.1 国家对标准实施监督的基本要求

新修订《中华人民共和国标准化法》第三条规定："标准化工作的任务是制定标准、组织实施标准和对标准的实施进行监督"；标准化法释义也说"本次修法时专门增设'监督管理'一章，凸显标准监督管理在标准化工作中的重要地位"。所以，对标准的实施进行监督检查，是法律法规的要求。

新修订《中华人民共和国标准化法》在标准实施和监督管理方面作了全方位、全过程的规定。法律规定，标准包括国家标准、行业标准、地方标准和团体标准、企业标准。国家标准分为强制性标准、推荐性标准，行业标准、地方标准是推荐性标准。强制性标准必须执行，不符合强制性标准的产品、服务，不得生产、销售、进口或者提供。国家鼓励采用推荐性标准。同时，国家实行团体标准、企业标准自我声明公开和监督制度。法律还规定，标准的复审周期一般不超过五年。经过复审，对不适应经济社会发展需要和技术进步的应当及时修订或者废止。

2.3.1.2 南方电网对标准实施监督的基本要求

《中国南方电网有限责任公司技术标准管理规定（修订）》对标准实施作出了如下规定：公司技术标准一经颁发实施，即对全公司具有约束力。若违反有关技术标准，造成人员伤亡、设备损坏或其他严重社会危害后果的，依照国家标准化法追究有关人员的民事或刑事责任，涉及工作失职的按照公司员工惩处、问责管理的相关规定执行。

南方电网相关职能部门及技术标准工作组应对技术标准实施过程进行必要的跟踪和指导，及时收集反馈技术标准实施过程中的意见和建议。

2.3.2 标准的监督检查

标准执行监督指对标准实施过程和效果的监督与检查，是保证标准得以贯彻执行的一项重要措施，也是企业标准化管理体系的一个重要过程。南方电网相关职能部门及技术标准工作组应对技术标准实施过程进行必要的跟踪和指导，及时收集反馈技术标准实施过程中的意见和建议。

2.3.2.1 监督的组织形式

技术标准监督采用统一领导、分级管理、分工负责相结合的管理方式，由技术标准化委员会办公室（南方电网生技部）统一组织、协调、考核，南方电网各部门按专业分工对分子公司相关专业技术标准的实施情况进行监督抽查，分子公司有关部门按专业分工对地市局技术标准的实施情况进行监督检查，各地市局负责对本单位相关技术标准的实施情况进行自查。

2.3.2.2 监督检查内容

（1）技术标准是否覆盖全业务、流程，是否符合实际，可执行。

（2）生产过程和各项管理工作中贯彻实施技术标准情况，规划设计以及设备制造、安装、调试、运行、检修、技术改造等全过程技术标准执行效果，资料应完整、连续并与实际相符。

（3）南方电网技术标准未覆盖的专业领域，特别是发展较快的新技术领域，各单位、部门是否颁发了只在本单位、本专业试行的技术标准，这些颁布或试行的标准是否符合有关标准化法律、法规和上级标准要求。

2.3.2.3 监督检查程序

技术标准化委员会办公室（南方电网生技部）统一组织各部门、各单位开展标准监督检查工作，检查程序主要有组织和制定计划、监督检查、结果处理等环节。

（1）监督检查可采用专项检查形式，组成检查组，明确监督检查的相应组织和职责，并做好协调工作。检查组由专业主管部门负责组织，可由专家、技术人员及标准化工作人员等组成，具体负责对相关标准的实施进行监督检查。

（2）制定检查计划，明确监督检查小组人员与负责人、检查起止时间、标准实施监督的方式、内容、步骤以及应达到的要求等。

（3）按检查计划开展查评，主要根据查评内容和评分标准对各单位技术标准执行情况，如标准执行效果、监督质量，以及沟通、反馈和闭环管控等情况。

监督检查应确保客观和公正，检查结果形成"监督检查报告"（如示例2-5所示）以作为纠正和改进的依据，技术标准化委员会办公室负责督促责任部门、单位实施整改。

示例2-5：监督检查报告

为保证重要技术标准和反措项目在设备设计选型、采购、监造、安装、验收和运行等环节的刚性执行，建立技术标准执行常态化监督机制，……，重点根据中国南方电网公司《×××》等文件，开展了设备技术标准执行常态化监督和管理工作。现总结一年工作情况，编制本报告。

一、技术标准执行查评情况

（一）各单位全年自查情况：……

（二）公司全年查评总体情况：……

二、技术标准执行监督机制查评结果统计分析

（一）监督组织环节发现的问题

1．××局的规划设计、物资、基建相关部门参与监督力度不足。

2．××局整体监督机制未建立，对执行文件制度未组织学习、宣贯……

（二）技术标准执行环节发现的问题

1．规划设计阶段：××局规划设计阶段没有雷区分布图，可研报告分析地震裂度达到 8 度，但未建议选用罐式断路器……

2．物资采购阶段：××局断路器出场试验报告无 200 次机械操作试验内容……

3．工程建设阶段：……

（三）沟通、反馈和闭环管控环节发现的问题

1．××局存在季报发现问题数与实际问题联系单数不一致的情况，发现问题未能及时闭环管控……

（四）设备技术监督精益化管理实施细则执行中发现的主要问题

1．变压器：……

2．断路器：……

3．组合电器：……

……

（五）监督机制运作情况分析

部分单位规划设计、物资、基建相关部门参与监督力度不足，对在建工程未认真做好自查和抽查……

四、下一年技术标准执行监督工作重点

……

2.3.3 标准的评估改进

标准的评估改进有利于实现对标准的反馈控制。当今社会，数字经济替代了市场经济，科学技术迅速发展，设备制造水平不断提高，标准也具有了很强的时效性，需要不断地更新标准，才能建立起同经济技术水平相适应的标准体系。只有当标准在实战中实施应用之后，标准中的固有问题才会逐步暴露出来，经过众多人员的再次认识、评价和总结，使标准不断得到补充和完善。比如 2017 年发布的《南方电网公司电力设备检修试验规程》8.1.38 "现场分解产物测试"，SF_6 断路器现场分解产物中 CO 的注意值调整为 $300\mu L/L$（2014 版预试规程中注意值为 $100\mu L/L$）；另外，专家讨论认为对于特殊条件下开关连续多次切短路电流导致开关气体组分异常的，应结合回路电阻测试值及厂家意见综合判断是否进行解体和继续跟踪，所以在 2017 版规程中新增"当连续切除短路电流（台风等特殊条件下），分解产物检测异常时，应结合回路电阻测试值及厂家意见确定跟踪试验周期"。这就是通过对企业标准周而复始地评估改进的一个例子，实现了对标准反馈控制，使标准更加科学合理。

基层单位是技术标准主要执行和实施者，南方电网鼓励各层级单位在技术标准实施过程中发现标准不适用、交叉矛盾以及标准缺失等问题，并及时逐级反馈。南方电网技术标准委员会对各单位反馈问题进行审核，涉及到的南方电网企标适时纳入企业技术标

准制修订计划，涉及到的国家标准、行业标准修订建议及时反馈上级标准化管理部门。

2.3.3.1　问题反馈渠道

南方电网建立了"自下而上"技术标准反馈平台及渠道。标准在执行实施过程发现存在诸如可操作性、协调性、先进性等适用性问题，目前可以通过如下两种方式及时反馈。

（1）以发文形式征集意见。为进一步协调统一技术标准条款，强化技术标准的执行，每年由南方电网生技部牵头开展技术标准差异条款的征集工作。各层级单位和技术人员围绕国家、行业、公司（企业）技术标准和反措的执行过程中发现的相互矛盾问题，梳理差异条款内容，提出差异条款的统一建议。

（2）信息反馈平台。为保障技术标准实施过程中的问题和建议反馈渠道通畅，南方电网已经通过南方电网技术情报中心构建了统一的信息反馈平台，各层级专业技术人员可在技术情报中心注册，直接在系统中反馈意见和建议。

2.3.3.2　标准差异条款的处理

技术标准分为强制性标准和推荐性标准，强制性标准必须严格遵照执行，推荐性标准可参考执行。强制性标准包括国家发布的强制性标准和南方电网的企业标准。在标准执行过程中，当强制性技术标准与推荐性技术标准某些技术标准条款发生冲突时，按照强制性技术标准执行。

当推荐性技术标准之间某些技术标准条款发生冲突时需上报技术标准化委员会，经技术标准化委员会办公室邀请专家讨论。按照"下位标准服从上位标准、差异条款执行从严"的原则，出具《南方电网公司技术标准差异条款执行意见》并发布，各单位及工程技术人员需要遵照执行。

（1）不同国行标之间技术条款差异。比如关于 110kV 线路复合绝缘子两端安装均压环的技术条款差异。

（a）条款原文。

GB 50545—2010《110kV～750kV 架空输电线路设计规范》第 7.07 条规定：用于 220kV 及以上输电线路复合绝缘子两端都应加装均压环，其有效绝缘长度需满足雷电过电压的要求（110kV 的未做规定）。

DL/T 1000.3—2015《标称电压高于 1000V 架空线路绝缘子使用导则　第 3 部分：交流系统用棒形悬式复合绝缘子》第 5.3 条均压装置 g）规定：110kV 及以上电压等级的复合绝缘子应在高压端和低压端均安装均压装置。

（b）主要差异。

110kV 线路复合绝缘子两端是否安装均压环。

（c）分析解释。

复合绝缘子运行规范比设计规范要求严格，110kV 线路复合绝缘子未安装均压环受雷击影响其运行可靠性。

（d）执行意见。

执行 DL/T 1000.3—2015《标称电压高于 1000V 架空线路绝缘子使用导则　第 3 部分：交流系统用棒形悬式复合绝缘子》的要求：110kV 及以上线路复合绝缘子两端均安装均压环。

（2）国行标与企标之间技术条款差异。比如关于额定电压 18/30kV 及以下橡塑绝缘电缆交流耐压试验的技术条款差异。

（a）条款原文。

Q/CSG 1206007—2017《电力设备检修试验规程》14.2.2 要求执行，即主绝缘交流耐压试验开展周期为"1）新作终端或接头后，2）必要时"。

DL/T 1253—2013《电力电缆线路运行规程》附录表 E.3 规定：额定电压 18/30kV 及以下橡塑绝缘电缆交流耐压试验电压 2.5U_0（2U_0），时间 5（或 60）min。

GB 50150—2016《电气装置安装工程电气设备交接试验标准》表 17.0.5 规定：额定电压 18/30kV 及以下橡塑绝缘电缆交流耐压试验电压 2U_0，时间 15（或 60）min。

（b）主要差异。

电缆线路交接试验方法和要求：额定电压 18/30kV 及以下橡塑绝缘电缆交流耐压试验电压等级和时间不同。

（c）分析解释。

DL/T 1253—2013《电力电缆线路运行规程》中要求额定电压 18/30kV 及以下橡塑绝缘电缆交流耐压试验电压为 2.5U_0、试验 5min，或者 2U_0、试验 60min。2.5U_0、试验 5min 对于电缆绝缘的考核不够，2U_0、试验 60min 在实践中对停电施工进度的影响较大。综上考虑，GB 50150—2016《电气装置安装工程电气设备交接试验标准》中要求 2U_0、试验 15min 较 DL/T 1253—2013《电力电缆线路运行规程》是较为合理的选择。

（d）执行意见。

交接试验执行 GB 50150—2016《电气装置安装工程电气设备交接试验标准》：额定电压 18/30kV 及以下橡塑绝缘电缆交流耐压试验电压 2U_0，时间 15（或 60）min。预防性试验执行 Q/CSG 1206007—2017《电力设备检修试验规程》。

（3）技术标准与技术规范书之间技术条款差异。比如关于变压器套管选用问题技术条款差异。

（a）条款原文。

Q/CSG 1203004.1—2014《35kV～500kV 变电站装备技术导则（变电一次分册）》中第 5.1.1.1 条规定 500kV 变压器应选用自耦、三绕组、油浸、中阻抗或高阻抗电力变压器，可根据实际运输条件选用三相、单相或现场组装式变压器。变压器套管应采用空气外绝缘瓷套管。

第 5.1.1.2 条规定 220kV 及以下变压器应选用三相、油浸、常规阻抗或高阻抗、低损耗电力变压器，在运输条件受限制时，可采用三相组合式变压器。变压器套管应采用空气外绝缘瓷套管。

《中国南方电网有限责任公司 110kV～500kV 交流电力变压器标准技术规范书（通用部分）》中"5.2.4 变压器套管：变压器出线方式应采用架空线出线方式；220kV 及以上电压等级应选用油纸电容型套管；在地震烈度超过 8 度地区，可优先采用复合外护套套管。复合外绝缘硅橡胶外套应采用高温硫化硅橡胶，宜整体注射成型。空心复合外护套需符合 IEC 61462 标准。"

（b）主要差异。

套管外绝缘材质要求存在差异，装备技术导则要求变压器套管应采用空气外绝缘瓷套管，但是变压器技术规范书，在地震烈度超过 8 度地区，可优先采用复合外护套套管。

（c）分析解释。

基层单位在验收设备时，遇到装备技术导则和技术规范书存在差异和矛盾问题，不知如何操作。

技术规范作为补充，增加了复合外护套套管，主要是考虑地震时，复合绝缘外套抗震性能会更好一些。

（d）执行意见。

执行《中国南方电网有限责任公司 110kV～500kV 交流电力变压器技术规范书》。

2.4 标准实施的效益评价

2.4.1 标准实施效益的评价方法

在标准研究的理论基础方面，各国标准体系理论的研究者都认为标准化会对国家的经济发展起到推动作用，人们将标准化效益评价工作确定为基础性的标准化研究，而定量标准化有利于企业节约成本、降低企业科研投入风险，有效提升企业核心竞争力；从宏观层面上看，实施标准化可以有效促进各个行业的技术进步，形成较好的创新氛围，有效推动国家经济与贸易持续健康发展。尽管目前英、德等发达国家已经投入大量精力和资金开展标准化效益评价方面研究，并为其政府部门的长期发展规划和标准化发展战略制定提供了坚实的基础，但尚没有一套成熟的对标准和标准体系实用性进行评价和指标的体系。部分学者所提出的原理，只是标准化的原则、方法和形式，并不是具有普遍意义的基本规律。在大多数情况下，人们不可能将由于实施标准化活动而得到的经济收益分列出来，标准化效益往往是作为劳动生产率提高的部分因素，通常都是对标准化的实施效果进行定性的评价描述。

2.4.1.1　标准实施的经济效益评估方法

（1）价值链分析法。价值链分析法适用于企业和行业层面的标准化经济效益评价。价值链是指与生产产品、服务或某种输出相关的一连串活动。作业的输出按固定顺序贯穿价值链各阶段，并在各阶段获得增值。价值链分析法是通过将企业内部结构分解为基本活动以及相关的辅助活动方式来分析组织盈利模式的方法。应用价值链分析法分析企业标准化经济效益，通过了解企业价值链、识别标准的影响权重、确定价值驱动因素和关键营运指标，最终衡量标准的影响。

行业层面标准化经济效益评价，则可通过将选取的若干样本企业数据推广到行业层面获得。

（2）生产函数法。生产函数法适用于行业和国家层面的标准化经济效益评价。标准对经济正常的促进作用，可用生产函数模型测算得到。应用生产函数方法计算和评估标准对经济增长的影响，应把行业（或国家）的标准存量数据作为投入要素，并与资本投入，劳动投入一起共同构成对行业（或国家）经济效益发挥作用的因素，采用增长核算方法或计量经济法，对标准产生的作用进行定量测量。

（3）模糊综合评价法。模糊综合评价法适用于行业和国家层面的标准化经济效益评价。模糊综合评价法是一种基于模糊数学理论的综合评价方法，该综合评价法根据模糊数学的隶属度理论把定性评价转化为定量评价，模糊综合评价方法在建立标准化经济效益评估指标体系基础上，采用层次分析法确定权重，并根据调查问卷得到的数据进行模糊综合评价。

（4）ISO 标准经济效益评估方法。ISO 标准经济效益评估方法的主要目标是提供一组方法来衡量标准对组织（企业）创造价值的影响。它提供了一个概念性的框架，旨在确定和量化标准对价值创造活动的影响。该方法以价值链分析为基础，通过对价值链每一环节的价值增值分析，层层剥离，为决策者提供明确的和易于管理的标准来评估标准的经济价值；为评估特定行业内标准经济效益的研究提供指导。

（5）德国柯布—道格拉斯生产函数法。柯布—道格拉斯生产函数法能够评价标准数量对 GDP 的贡献，其缺点是仅考虑标准数量的影响，且从国家层面宏观评价标准经济效益，不适用于企业标准经济效益的评价。可以将标准、资本、外国专利许可证和劳动力等指标看做是研发，甚至更广义创新活动的产物，以作为替代性科技指标来评价经济增长，然后利用柯布—道格拉斯生产函数经验公式计算得到各指标对德国年经济增长率的贡献度。

（6）日本标准效果成本法。日本采用标准效果成本法对标准经济效益进行评价。通过对日本参与制（修）订国际标准所需要的项目投入费用和日本的某项国家标准被采纳为国际标准后，因获得相关知识产权，而给日本产业界带来经济效益，即"费用对比效益"进行了计算，从而得出制（修）订国际标准项目投入费用和制（修）订国际标准所产生的经济效益的数据，其缺点是针对产品标准的国际化需要准确财务数据支撑。

（7）英国标准数量贡献法。2005年英国毛衣工业部采用标准数量贡献法评价了标准对劳动生产力增长的贡献度，该方法能够评价标准数量对劳动力增长的贡献，但是仅考虑了劳动力与标准数量的单向因果关系，不适用于企业标准经济效益评价。通过该方法，利用英国毛衣行业1948～2002年的数据，建立了1个评估劳动生产力增长与标准关系的模型，即在任何时候，有效标准数量（SCI）是由一定时期公布的标准总数减去终止和废纸的标准数量构成，显示了标准与生产力之间存在积极的和具有显著统计意义的关系。

2.4.1.2 标准实施的社会效益评估

标准化影响到大众生活的每一个方面，从空气、水及用电等各方面的质量，到确保产品与服务的安全有效性，有成百上千的标准已经或正在帮助改善大众的生活质量，标准是保证产品、服务和系统达到民众要求的重要保障，可以通过法律和法规以强制的方式保护公众的生命和财产安全，以及保护环境。同时，随着技术进步的加快，标准可以促进产业结构的调整优化，提升产品在国际、国内市场的竞争力，形成优势产业，占领产业竞争制高点。

开展标准化社会效益评价工作，应制定总体评价方案，并按照总体评价方案确定的评价过程开展评价工作。评价过程具体包括确定评价目标、构建评价指标体系、选择评价方法与判定依据、数据资料收集、评价结果分析、撰写评价报告及评价结果应用等环节。

2.4.2 标准实施效益的评估案例

2.4.2.1 对企业参与国际标准制修订的经济效益评价

以中国电器科学研究院有限公司为例，准确评估制修订为企业带来的经济效益。

（1）确定企业价值链。中国电器科学研究院有限公司的业务范围包括生产和检测，根据该院的实际操作模式，结合该院的组织构架，该企业的价值链如表2-1所示。

表 2-1 企 业 价 值 链

管理				
研发				
工程				
采购				
进料后勤	生产/运营	市场营销	销售	服务

分析影响企业价值链的关键价值驱动因素，确定评价范围、调研显示中国电器科学研究院有限公司具有若干个紧扣其核心业务流程的价值驱动因素，这些价值驱动因素称为该公司成功的关键，详见表2-2。

表 2-2   价 值 驱 动 因 素

序号	核心业务流程	价值驱动因素
1	研发	提高产品的研发效率,保持产品的领先地位
2	运行	通过对企业的销售和宣传,提高企业的知名度
3	销售	通过提高企业监测业务量,实现销售收入的增加

通过对关键价值驱动因素分析,确定该企业的评价范围为:研发、运行、销售。

(2)选择评价指标,分析标准为企业带来的效益。根据标准制修订绩效评估指标体系,对标准效益的评估共有 22 个指标,但根据企业的实际情况和选定的评价范围,中国电器科学研究院有限公司选用评价范围内的 5 个指标来进行标准经济效益的计算,详见表 2-3。

表 2-3   标 准 经 济 效 益

业务功能	指标	标准带来的收益(万元)	近 3 年检测业务的平均收入(万元)	标准对企业检测业务的贡献率(EBIT)
研发	节约的研发设计费用	10	30000	0.033%
	节约的产品测试费用	5		0.017%
运营	节约的检测设备费用	10		0.033%
	节约的制造费用	20		0.057%
销售	增加的检测业务的收入	6000		20%
总计		6045		20.15%

2.4.2.2 南方电网直流融冰装置系列标准社会效益分析

电力系统是现代社会高度依赖的能源供给系统。输电线路覆冰是电网安全可靠供电的最严重威胁之一,世界上 100 多个国家、我国 10 多个省份长期遭受冰灾危害,并因输电线路覆冰导致了国内外电网多次大面积瘫痪。2008 年我国南方冰灾导致近千万用户停电,造成各类损失超过 1000 亿元,究其主要原因是电网缺乏应对冰灾的高效除冰技术以及相关装置设计、制造、检验和使用等标准。

南方电网在全面总结电网防冰抗冰科技成果和应用经验的基础上,建立了完整的防冰融冰标准体系。该系列标准为国民经济的正常发展提供有力保障。我国贵州、云南、四川、浙江、江西、安徽等 13 省(市)得到了大规模工程应用。2009~2017 年应用表明:融冰速度快,效果好,未再发生因覆冰造成的线路受损,易覆冰区线路冰闪显著减少。支撑了地方经济发稳步发展。以贵州省为例:2008 年冰灾中,贵州全省损失 GDP 超过 300 亿元,成果应用以来,实施线路融冰 500 余次,确保贵州省未再受冰灾停电影响生产,为 GDP 超过 10%的稳步增长提供了电力保障。该系列标准应用后累计减少 GDP 损失超过 1150 亿元。

另外，该系列标准确保了西部清洁能源的输送，维护我国"西电东送"通道安全，为西电东送电量稳步增长提供了技术保障，国家"西电东送"战略的顺利实施提供了技术支撑，减少了 CO_2 排放。2008 年冰灾中，南方电网西电东送负荷由 525kWh 转为倒送 50kWh，南方电网 2009～2017 年西电东送电量共计 7720 亿 kWh，清洁能源占比为 80%，1～2 月东送电量占全年约 10%。根据贵州气象局提供的数据，2009～2017 年覆冰期贵州电网实际覆冰情况与 2008 年覆冰的相似度分别为 30%、20%、88%、20%、30%、40%、30%、50%、40%，该系列标准应用后累计减少清洁能源损失超过 520 亿 kWh。

同时，该系列标准保障电力供应安全，使得我国电网的抗冰防冰模式从"被动抗冰"转变为"主动防冰"。标准成果应用为电力系统输电线路抵御冰雪灾害提供了高效手段，改变了以前依靠人工、效率低、安全风险高的除冰方式，促进国内外电网抵御冰灾的技术进步，使得我国电网的抗冰防冰模式从"被动抗冰"转变为"主动防冰"。获得时任国家能源局总工程师杨昆先生高度评价："我国电网抗冰工作由原来的被动修复到现在的主动防御，取得了重大的进步。"2014 年 2 月 13 日，时任贵州省省长陈敏尔批示"贵州电网公司的防冰抗冰保电工作抓得很主动、很及时、很有效。望再接再厉，全力保证电网安全稳定运行和电力可靠供应，为实现一季度'开门红'提供有力保障"。

在产业方面，该套标准成果开创了电力电子技术新的应用领域，融冰相关技术成为电气工程学科重要研究方向，实现了我国融冰成套设备的产业化，使电工设备制造企业的竞争力得到提升。与此同时，该套标准成果得到国际同行高度认可，加拿大、英国、丹麦等国际同行多次来华进行技术交流并寻求合作，体现了我国在电网抗冰技术领域的国际地位，引领了国际防冰抗冰技术创新和发展方向。

第 3 章 各单位标准化工作成果

3.1 南方电网超高压输电公司

中国南方电网有限责任公司超高压输电公司（简称超高压公司），是南方电网的分公司，是履行南方电网骨干网架和重要联络线的规划参与者、建设执行者、运行维护者、经营管理者职责。十余年来，超高压公司在南方五省（区），建成了目前国内独一无二、世界少有的结构坚强、最难驾驭的现代化大电网，承担起了"一肩担当西电东送能源战略，一网紧联南方五省（区）"的神圣职责。

3.1.1 深刻认识标准化建设的重要性

超高压公司自成立以来，始终把标准化建设作为实践科学发展观、塑造优秀企业文化、提升效率效益的重要手段和方法，为加快实施国家西电东送战略，确保南方电网主网架的安全可靠运行作出了突出贡献。近年，超高压公司认真贯彻落实国务院《关于印发深化标准化工作改革方案的通知》（国发〔2015〕13 号）和《中华人民共和国标准化法》以及《中国南方电网有限责任公司技术标准管理规定（修订）》，认真总结了技术标准工作的经验和不足，配合南方电网积极探索技术标准体系建设及应用的方式方法，全力推动技术标准有效支撑业务发展。

3.1.2 凭借技术领先优势，凝练优秀标准化成果

超高压公司充分发挥在直流输电技术领域的领先优势，在高压直流控保系统检验、直流换流站一次设备选型、直流阀冷系统运行与检测、换流阀运行与现场试验、柔性直流换流站绝缘配合等方面取得核心关键技术突破，形成一系列的技术标准。同时凭借在变电一次领域丰富的运维经验，在变压器油现场测试、串补装置运行、紫外线成像等方面也形成一系列标准化成果。

截至 2018 年，超高压公司主持颁发行业标准 2 项、企业标准 6 项，参编国家标准 4 项、行业标准 1 项、团体标准 1 项，所编制标准在相应领域均得到广泛应用，为生产领域技术应用提供了强大的技术支撑。超高压公司通过标准化成果实施，规范作业步骤和质量管控，并开展以技术标准为依据的电力技术监督，提升增量电网设备技术装备水平，为维护西电

东送主通道安全、稳定、经济运行发挥支撑作用，产生了巨大的经济效益和社会效益。

3.1.3 积极参与标准化活动，勇挑技术委员会重担

超高压公司鼓励员工积极参加国际/国内技术组织，并积极组织员工参加标准培训，邀请中电联标准化中心、国家标准化信息中心（评估中心）等领导、专家宣贯深化标准化工作改革方案，讲授国际标准、国家标准、行业标准制修订计划申报原则和重点。目前，共有 26 名员工加入中国电机工程学会、电气和电子工程师协会、国际大电网委员会等 34 个技术组织，在技术组织中任副理事长 1 名，筹备会常务副秘书长 1 名，专委会委员、通讯委员、观察员、技术专家 44 席。

凭借着在直流输电领域标准化工作的影响力，2018 年 11 月 24 日，超高压公司成功筹建 IEEE PES 直流电力系统技术委员会。PES（Power & Energy Society 电力和能源协会）是 IEEE 三大协会之一，于 2003 年成立，已在中国建立了北京、广州等 9 个地方委员会。2018 年该协会批准在中国首先发起设立直流电力系统技术委员会，计划在 3 年内逐步由中南亚地区发展至全球。超高压公司受 IEEE PES 委托，负责筹建成立直流电力系统技术委员会并设立秘书处。委员会下设 3 个分委会，包括直流输变电设备技术分委会、直流输电控制保护技术分委会和直流配电网技术分委会。

IEEE PES 直流电力系统技术委员会成立标志着超高压公司在直流电力系统领域的全球引领地位。委员会成立后，超高压公司将立足于 IEEE 这个全球大平台，进一步加强与国内外相关单位的交流合作，加速直流电力系统技术以及企业的国际化进程，推动超高压公司直流技术标准的"走出去"。

3.2 南方电网广东电网有限责任公司

广东电网有限责任公司（简称广东电网公司）是中国南方电网有限责任公司的全资子公司。广东电网公司以珠江三角洲地区 500kV 主干环网为中心，向东西两翼及粤北延伸，供电客户数达 3496 万户。截至 2019 年 3 月 31 日，共有 35kV 及以上输电线路 74740km（含电缆），变电站 2127 座、主变压器 4406 台、变电容量 37929 万 kVA。2019 年 3 月累计用电量 1290.32 亿 kWh，同比增长 3.90%。

广东电网公司秉持"人民电业为人民"的企业宗旨，立足"国家队地位、平台型企业、价值链整合者"的企业定位，加快创建具有全球竞争力的世界一流企业，连续 10 年在广东省地方政府公共服务评价排名第一，电网连续安全运行突破 23 年。

3.2.1 建制度、明责任，以"质量第一"为核心

标准化建设，标准是基础。广东电网公司秉承"以质量为核心"的建设理念，切实

加强了技术标准制修订质量管控。在核心制度上，广东电网公司制定了《2018年南网企标制修订指南》，以此为基础明确今后企标管理职责和质量管控机制。按照相关规范管理，广东电网公司细化了标准制修订质量管控的大纲审查、初稿审查、意见征集、专家评审等9个主要流程环节，通过双周报、微信群、滞后项目等多渠道沟通机制，确保进度可控。

广东电网公司积极吸纳员工意见，完善出一套应用标准"目录化"管理方法，极大地提高了标准状态管理、标准需求征集、标准编制、标准适用审查等工作的效率。

3.2.2 贴合实际，建设具有广东特色的技术标准体系

技术标准体系建设以来，广东电网公司紧贴业务本地化，促进标准实用化，根据广东实际完善标准体系。在南方电网技术标准体系的基础上，删除了明确不属于广东电网公司业务范围的类别及标准（保留涉网标准），同时增补了广东电网公司相关业务指导书、技术指导意见等，并对常用的标准标示了"重点关注"，区别南方电网公司的体系，突出广东特色。按照"广东特色的技术标准体系"的布局，形成了以一个体系、两个抓手、三个支撑、四个平台开展标准化建设的思路，如图3-1所示。

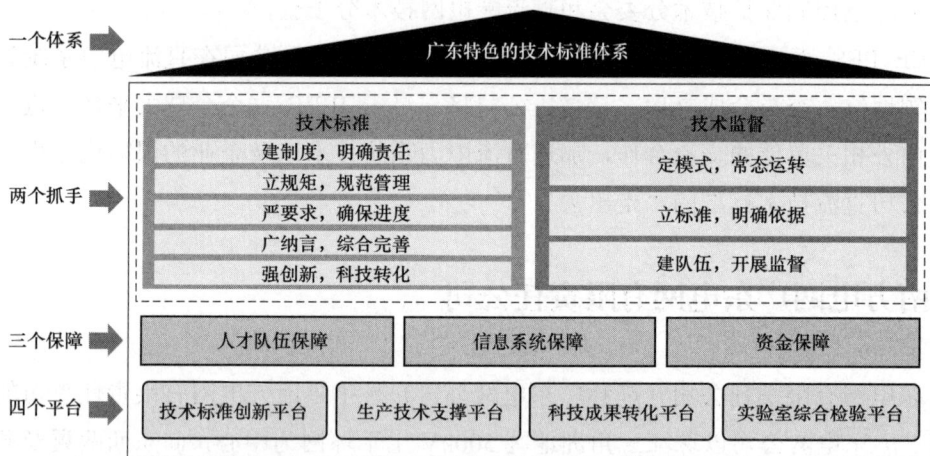

图 3-1 广东电网特色的技术标准体系

（1）一个体系。在南方电网技术标准体系基础上紧贴业务本地化，突出表现广东特色。广东电网公司鼓励构建具体专业领域标准子体系，并将具体研究成果落实到标准体系明细表、技术标准制修订计划表的编制上。在此基础上，广东电网公司得以更加精准地开展国家标准、行业标准和南方电网标准的制修订。

（2）两个抓手。技术标准工作方面，广东电网公司以持续提升标准编制过程规范化管理水平为目标，着力于高质量完成技术标准新编、修编任务，在优势领域谋求国际化标准工作突破，做实技术标准在业务中的可执行载体；技术监督工作方面，长期以来，

国家相关部委、行业监管机构对电网企业开展技术监督提出明确要求，以技术标准为依据的电力技术监督已成为电网安全、优质、经济运行的重要保障。广东电网公司建立健全了技术监督组织机构，成立技术标准和技术监督委员会，协助南方电网制定了多项技术监督实施细则，确保监督工作有法可依、有章可循。与此同时，广东电网公司系统梳理了同一设备不同业务环节技术要求的差异性，打通各业务环节技术标准差异，确保技术标准一致性。有序开展了全生命周期各环节的专业技术监督和基于问题导向的专项技术监督，为确保电网及设备安全、经济、稳定运行提供技术支撑。

（3）三个支撑。人才队伍保障方面，广东电网公司采取多种形式对通用性、强制性标准进行宣贯；信息系统保障方面，推广应用并持续完善相关系统功能，全面提升标准化支撑服务能力；资金保障方面，优化预算安排，提高使用效率。

（4）四个平台。推动建立并不断完善南方电网生产技术示范基地（技术标准管理）、创新联盟协会、标委会（电力设备智能运检标准化技术委员会）、科技成果转化四个平台，更好支撑广东电网公司技术标准工作。

3.2.3　双线并进，关键领域标准化水平持续引领行业发展

广东电网公司深入贯彻落实标准化发展战略，按照南方电网一体化管理框架，开展了各专业领域标准化工作，为标准化工作奠定了良好的基础。在标准管理机制上，形成了两条主线：一条主线是从研发和科技成果转化角度出发，初步形成技术、专利和标准协同保障的机制，通过技术、专利和标准联动模式，以技术创新为驱动，以专利为保护机制，以技术标准为基础和纽带，致力于打造技术创新模式，实现标准引领。致力于超导应用、电力储能、机器人、智慧能源、电力电子、防风减灾等六大方向的核心关键技术的突破。在新型超导限流器样机研制、线圈类设备漏磁特性研究、锂离子和钠离子电池等储能新材料应用、变电站直流电源及海岛微电网等储能应用、巡视机器人与无人机研究、柔直智能运维研究、广东电网台风致灾损失预测方法可行性研究、基于遥感技术的输电线路灾害预警方法与运维技术研究等项目的在研、在测的基础上，形成了一系列的技术标准，为电网安全生产保驾护航，产生巨大的直接和间接效益。近 3 年来通过科技研发及成果转化颁布了企标 13 份、行标 28 份、国标及国际标准 6 份；另一条主线是以技术支持为基础，以制修订标准为抓手，开展电网输变配电设备全生命周期技术支持和全过程技术监督，开展设备故障分析、缺陷管理、预试管理、反措管理。通过日常的生产技术支持，针对 GIS、变压器等设备滚动修订了南方电网 GIS、变压器等设备技术规范；开展电网设备运行监测及评价、电网灾害智能监测预警工作；开展物资品控标准体系建设和策略优化，承担主设备监造、设备入网检测、到货抽检、运行质量评价，并在生产技术支持中对标准不断进行完善和修订的标准管理模式，形成技术标准应用模式。经过多年发展，关键领域标准化创新水平持续引领行业发展，一些电网标准化工作极具

特色，标准创新和应用发展的势头良好。近五年来共承担国家/行业标准 200 余项、企业标准 50 余项。主要涉及与变压器绝缘油、直流偏磁抑制装置、SF_6 电气设备故障气体分析和判断、微网系统、输电线路架空地线接地技术、变电站金属材料腐蚀防护技术、特高频局部放电在线监测装置等技术领域，一些标准填补了国内空白，处于国内或南方电网的领先水平。

3.2.4 注重人才队伍和平台建设

（1）人才素质较好。初步构建了以标准修编和应用为基础，技术支持团队为核心的组织模式，拥有一大批业务素质强、技术水平高、标准创新能力强的人才队伍，是广东电网公司标准化的宝贵资源和主要依靠力量。其中，国家一级、二级注册计量师 20 人，南方电网专家序列的各级技术专家 28 人，南方电网一级、二级计量考评员 14 人，有 60 余人参加全国、行业、广东省各级标准化委员会并担任副主任委员、秘书长、委员等职，主要分布在中国电机工程学会高压专委会、全国电气绝缘材料与绝缘系统评定标准化技术委员会、全国电气化学标委会、能源行业电动汽车充电设施标准化技术委员会、能源标准化技术行业风电委员会风电场并网管理分技术委员会等标准化组织内。

（2）搭建了多样化合作平台。着眼全球创新领先企业，开辟了国内外、跨领域、多渠道、多样化的交流与合作渠道；拥有一批技术先进、专业突出的重点实验室和检测中心，拥有院士专家、博士后和研究生工作站，为标准验证提供了验证平台；各级标准化组织交流平台打造了各层级学术和技术交流的高效平台，广泛的对外合作及先进的交流平台，为示范基地提供了良好的硬件支持。

（3）具备先进的技术标准服务平台。建成了"技术标准服务平台"，收录了国内外能源标准和法律法规近 20 万册，形成具有广东特色的电力标准总库。平台主要功能包括标准检索和下载、标准化动态等功能。

依托标准服务平台，构建设备管理有标可循、生产运营有标可保、创新驱动有标引领、转型升级有标支撑新局面，在广东电科院率先启用标准服务体系，建立安健环、计量认证、实验室认可等 18 个标准专题数据库，开启标准的法律状态实时跟踪及预警，同步更新试验方案、技术报告和品控报告，实现了标准使用的闭环。

3.2.5 实施效果

通过制定技术、验收、运维标准，新技术新产品在电网中得到大面积推广，解决了生产领域的难题。

（1）直流偏磁电流抑制效果出色。例如电容隔直装置标准和技术的推广。以往，高压直流输电在运行期间直流输电系统在单极大地回线或双极不平衡方式时，导致直流电流经过中性接地的主变流入变压器绕组，使变压器磁通饱和、励磁电流畸变，引起变压器直流偏磁现象。为了抑制直流偏磁电流，广东电网公司电力科学研究院于2009年研制了电容隔直装置，首先制定了《广东电网公司变压器中性点电容隔直装置运行维护指导意见》，修编了南方电网企标《电容隔直装置技术规范》和行业标准DL/T 1541《电力变压器中性点直流限（隔）流装置技术规范》，并参与了IEC 60076-23《Power transformers DC magnetic bias suppression devices》（《电力变压器直流偏磁抑制装置技术规范》）标准编写。标准推广了新技术应用，到2017年底，已投运了150余套电容隔直装置。运行结果表明装置安全可靠，发挥了抑制直流偏磁作用，不仅为电网的安全稳定运行提供了可靠的保障。而且还产生了可观的经济效益。

（2）电抗器匝间绝缘检测。电抗器匝间绝缘检测系统项目团队主持编制的《干式空心电抗器匝间过电压现场试验导则》和《干式空心电抗器匝间过电压试验设备技术规范》电力行业标准，填补了干式空心电抗器匝间检测方法及设备制造领域的标准空白，该检测方法已同时被列入《南方电网10～500kV干式空心电抗器技术规范书》中作为产品出厂试验和交接试验的例行项，大力推动了该技术在南方电网和电抗器制造厂家的应用。在广东电网公司开展干式空心电抗器匝间绝缘检测技术服务993台次，发现缺陷33起，有效降低了电抗器故障率；电抗器匝间绝缘检测系统已在国家电网公司和南方电网销售20台，市场前景广阔。

（3）机巡中心标准工作成效显著。在"机巡＋人巡"的战略指引下，南方电网机巡作业支持中心推动并实现了机巡由地市局分散管理向集约化方向转变。统一了标准、空域、人员培训和设备管理；制定了39份现场作业、数据分析、安全管理等全流程作业标准。机巡中心负责编制了南方电网空域调度、机巡作业、数据分析、人员培训和机巡装备质量管理等技术标准，以及电力机巡用无人机采购技术条件书等技术规范，推动了无人机行业应用的发展。

机巡中心目前正在申报电力设备智能运检标准化技术委员会，拟开展电力设备智能巡检标准体系的研究，建立一套专业完整、分级合理、有序适用的标准体系，重点进行在电力智能巡检设备的设计、采购、运维、退役和数据处理等方面技术标准的研究和推广，为电力行业设备巡检及其相关产业的发展提供坚强的标准支撑，进而推动相关技术及其产业的健康有序发展。

3.3 南方电网广西电网有限责任公司

广西电网有限责任公司（简称广西电网公司）是中国南方电网公司的全资子公司，位于南方电网五省区的中部，承担着为广西经济社会发展提供可靠优质电力保障的重任，供电面积23.67万km²，供电客户1142万户。

广西电网公司连续五年在广西公共行业满意度测评中排名第一，列"2017广西企业

100 强"第 4 位和"2017 广西服务业企业 50 强"第 2 位。五度蝉联"全国文明单位"，连续 9 年被评为"广西优秀企业"，荣获"全国五一劳动奖状"等荣誉。

3.3.1 建立机构，整合资源

为承接南方电网技术标准管理工作，促进技术进步与科学管理，提高电网安全可靠运行，提高资产综合效益，改善优质服务水平，根据《中国南方电网有限责任公司技术标准管理规定》，结合广西电网公司实际情况，成立了广西电网公司技术标准办公室。技术标准办公室设在生产技术部，成员包括生产技术部、安全监管部、市场营销部（农电管理部）、基建部、物资部、科技信息部、系统运行部等相关部门人员，为全面深入开展标准化工作，促进各部门的协同推进打下了坚实的基础。

3.3.2 恪守标准，成效初显

目前，广西电网公司正在积极参与 1 项国际标准、1 项国家标准、1 项标准翻译、28 项电力行业标准及 6 项团体标准的编制工作，2018 年完成隔离开关、避雷器绝缘测量装置、电容型设备绝缘在线监测装置等 11 份南方电网级技术规范书编制工作。在积极参与技术标准制修订相关工作的同时，广西电网公司也深刻认识到技术标准的生命力，根植于在生产管理各项工作中严格执行。基于这个认识，广西电网公司安排人员参加标准化培训，营造标准化氛围。将标准的执行贯穿于各项工作各个环节，在规划建设、物资采购、安装验收、报废退役的全过程管理均需要依据相关技术标准开展，牢把设备入口关，推动生产设备装备水平提升。通过提高输、配、变电一次生产设备类三级物资的标准化程度，增强通用性、互换性，组织各专业专家编制了广西电网公司三级采购物资品类优化清单，重点规范了工器具、仪器仪表类设备名称和品类。

为确保各项技术标准和技术措施实施到位，2017～2018 年，广西电网公司组织开展了设备安全隐患精益化排查工作，对现场设备的配置、安装、运维等工作是否符合相关标准、规程的要求进行了彻底排查，共对全网 347 座 35kV 及以上变电站开展精益化隐患排查，发现问题 13421 项，完成整改 8573 项，完成率 64%。由于设备风险管控到位，2018 年广西电网公司没有发生四级及以上设备事故事件。

3.4 南方电网云南电网有限责任公司

云南电网有限责任公司（简称云南电网公司）是中国南方电网有限责任公司的全资子公司，是云南省域电网运营和交易的主体，承担西电东送和向越南、老挝送电的任务，是云南省实施"西电东送""云电外送"和培育电力支柱产业的重要企业。

3.4.1 开展全过程标准化建设

云南电网公司大力推动企业全过程标准化建设，逐步在各个环节形成了一套成熟有效的方法。在标准化制度建设方面，云南电网公司承接南方电网标准化制度要求，落实相关责任，形成了以省公司生技部牵头，云南电科院、各供电局配合的工作机制。在标准申报方面，由省公司牵头，组织各相关部门、云南电科院、各供电局，按照南方电网、中电联、能源局等安排征集需求，积极申报标准申请、参与标准审查等工作。在标准制修订管控方面，按照大纲审查、初稿审查、征求意见等阶段性要求，组织开展标准制修订各阶段审查工作。近 3 年来承担南方电网技术规范、招标规范等标准编制 10 余项，参与南方电网组织的国家标准行业申请 20 余项。配合南方电网编制了电力设备交接验收规程、变电设备运维规程、断路器技术规范、绝缘子、共享铁塔等企标。在标准执行方面，依托技术监督检查，依据南方电网制定的 65 项细则，检查全寿期各阶段标准落实执行情况。自 2017 年起，已逐步形成了技术标准执行常态化监督，每月对运行单位开展标准要求执行情况检查，每季度结合技术监督视频会通报检查情况，督促各单位形成标准落地执行的自查—抽查—问题反馈—闭环的管控机制。

在全过程标准化建设开展中，云南电网公司培育了一批标准化专家、员工。目前，已有参与标委会的人员 20 人，分布在中国电机工程学、国际大电网会议中国国家委员会、全国电力储能标准化技术委员会、全国避雷器标委会委员、全国高电压试验技术标准化分技术委员会、电力行业电力变压器标准化技术委员会等。

3.4.2 强化标准落地实施

云南电网公司严把设备入网关、提高安装调试和监造工作质量，通过编制电力设备交接验收规程、变电设备运维规程等，规范了设备采购、设备验收和设备运维工作，发现和防范了设备隐患，提升了设备健康水平。同时，云南电网公司推进输变电设备作业精细化，完善作业评价、作业标准、作业流程，重视并做实作业准备，为输变电设备精益化管理提供了技术支撑。

3.5 南方电网贵州电网有限责任公司

贵州电网有限责任公司（简称贵州电网公司）是中国南方电网公司的全资子公司，负责贵州电网统一规划、建设、管理和调度，承担着省内电力供应和西电东送的任务。员工 4.6 万余人，供电户数 1400 余万户。

近年来，在贵州省委省政府和南方电网的领导下，贵州电网公司积极服务地方经济社会发展，在西部省（区）率先实现"户户通电"，实现供电范围内所有用户"同网同价"；

连续 8 年在地方政府组织开展的多行业客户满意度调查评价中排名第一；连续 6 年获省国资委党建责任制考核一等奖。

3.5.1 全员参与，共同推动标准化工作

贵州电网公司在提升电力服务工作的同时，认识到了标准化工作是市场经济条件下企业发展的自我要求，是提高企业综合素质、管理水平和竞争实力的有效途径。为持续推动企业标准化工作的深入开展，贵州电网公司鼓励员工参与到标准化相关组织，通过深层次的交流学习，促使员工在标准化这块土壤中快速成长起来。目前贵州电网公司有国家标准化委员会下属技术标委会委员 1 人；中电联、电机工程学会等行业专委会委员 5 人；有中电联、电机工程学会等行业专委会学科组成员 1 人。在贵州省质量监督局的指导和贵州电网公司的主持下，于 2016 年 6 月成立贵州省电力行业标准化技术委员会，共有委员 42 人，其中 16 人为贵州电网公司员工。贵州省电力行业标准化技术委员会秘书处设在贵州电网公司电力科学研究院。

截至 2018 年 12 月，贵州电网公司牵头编写且已颁布技术标准 15 项，其中国家标准 1 项（GB/T 33591《智能变电站时间同步系统及设备技术规范》），行业标准 4 项，地方标准 10 项。参与编写的已颁布技术标准共 20 项，其中国家标准 10 项，行业标准 5 项，南方电网标准 5 项。

3.5.2 重点发力，智能变电站系列标准效益显著

贵州电网公司是南方电网发展智能变电站的排头兵，在智能变电站建设、运行、维护等方面积累了诸多经验，具有一定的技术优势。牵头编写了智能变电站相关国际标准 1 项，行业标准 5 项，企业标准 1 项，参与编写智能变电站相关国标 2 项，行标 6 项。

贵州电网公司建立了一套完整的数字化变电站检测规范体系，填补了南方电网乃至我国数字化变电站全套检测规范的空白，有序推进了贵州电网数字化变电站的建设。截至 2018 年 12 月，贵州电网公司在建及投运的数字化变电站共有 200 余座，其中已经投运的数字化变电站有 170 余座，在贵州电网数字化变电站测试检验技术系列标准系统的指导下完成测试投运的数字化变电站有 150 余座，设备运行状况良好，有效地指导了贵州电网数字化变电站的建设和运行，极大地推进了贵州电网乃至南方电网数字化变电站前进的步伐。该系列标准已在贵州电网公司全面应用实施。标准相关技术已在全国范围推广应用，将覆盖更多的数字化变电站，创造更多价值。

3.6 南方电网海南电网有限责任公司

海南电网有限责任公司（简称海南电网公司）是南方电网的全资子公司。截至 2017

年底，全省电力总装机容量 781 万 kW，其中，煤电装机容量 352 万 kW（占 45%）、核电装机容量 130 万 kW（占 17%）、新能源发电（风能、太阳能、可再生能源等）装机容量 115 万 kW（占 14%）、水电装机容量 89 万 kW（占 11%）、气电装机容量 75 万 kW（占 10%）、抽水蓄能 20 万 kW（占 3%）。2017 年，全省统调最高负荷 457.1 万 kW，同比增长 10.7%；全社会用电量 304.83 亿 kWh，同比增长 6.1%。

3.6.1 持续完善海南特色的技术标准体系

海南电网公司以建设省域智能电网为目标，按照立足海南实际情况、聚焦热带/亚热带特殊环境，推进技术标准进一步完善、开展智能电网标准体系建设。从海南实际情况来看，需要在南方电网技术标准体系基础上紧贴业务本地化，突出表现海南热带海岛地域特色。依托智能电网实验室建设，重点突破智能电网设备在热带海岛地区的标准建设，聚焦设备在热带/亚热带特殊地理环境下标准工作突破，做实技术标准在业务中的可执行载体。

与此同时，海南电网公司广泛吸取各单位标准编制经验，持续完善标准编制过程的规范化体系，稳步推进技术标准新编、修编任务。首次参与《输变电设备湿热环境条件》能源行标的编制工作，实现海南电网公司"零"的突破。

3.6.2 持续维护体系运行，促进标准化实施效益不断提升

海南电网公司每年组织专家对体系表进行系统整理。通过标准体系分析，剪除无效、过期的技术标准，同时通知所属各单位予以更新，为工程技术人员提供技术参考依据，为企业生产经营活动提供技术辅助支撑。严格执行国家发布的强制性标准、南方电网的企业标准和技术文件等强制性标准法规。为了进一步确保技术标准落地实施，海南电网公司针对海南的实际情况进行更加细致、具有针对性的本地化修编工作，确保标准实事求是形成海南电网标准体系。

在上述工作的基础上，海南电网公司下属各单位充分利用各类设备品控技术标准，不断提高设备质量和规范。通过检修规范化标准，海南电网公司在提高设备检修水平，逐步减少检修次数、降低检修人工及材料的消耗方面，也取得了长足的进步。结合作业指导书开展现场作业，规范工作步骤、标准化管控作业质量，海南电网公司的日常运维工作质量得到不断提升。

3.7 南方电网广州供电局有限责任公司

广州供电局有限责任公司（简称广州供电局）主要从事广州地区电网投资、建设与运营，负责广州市 11 个区的电力供应与服务。截至 2018 年 8 月底，广州供电局拥有 110kV

及以上变电站 338 座、主变压器容量 8095.45 万 kVA，110kV 及以上输电线路 7529.79km。供电面积 7434km^2，供电客户数突破 575.12 万户，电网最高负荷达 1679.1 万 kW，2017 年完成供电量 829.64 亿 kWh。

近年来，广州供电局依托科技研发、生产实际中积累的技术实力，积极参与标准化活动，申报和承担国家标准、行业标准、中国电力企业联合会团体标准、中国电机工程学会团体标准和中国电源学会团体标准等各类标准。2018 年广州局试研院共主持或参与国家、行业、团体标准共 70 项，其中国家标准 14 项，行业标准 24 项，团体标准 32 项。2018 年广州局试研院承担的标准与往年相比呈现了大幅增长。作为主持编写单位申报的国家标准首次获批立项，实现了零的突破。

同时，广州供电局鼓励技术人员结合自身技术优势，积极申请加入各级标委会，其中 2 名技术专家成功加入国家标准委员会，在全国电力需求侧管理标准化技术委员会、全国电工电子产品环境条件与环境试验标委会气候试验分技术委员会为行业发展贡献力量。

3.8 南方电网深圳供电局有限责任公司

深圳供电局有限公司（简称深圳供电局）成立于 1979 年。2012 年，为更好地服务深圳经济社会发展，南方电网做出将深圳供电局分立直管的战略部署，深圳供电局转变为南方电网直接管理的全资子公司，并于 2012 年 2 月 22 日正式挂牌成立。

深圳供电局承担着深圳市（蛇口除外）的供电任务，供电面积 1953km^2，用户数 305 万户。共有 110kV 及以上变电站 242 座，主变压器容量 8253 万 kVA，110kV 及以上输电线路 4621km。

在深圳市委市政府和南方电网的坚强领导和大力支持下，伴随着城市的发展和依靠管理技术进步，深圳电网已发展成为我国供电可靠性领先的超大型城市电网之一。2017 年最高负荷 1753 万 kW；供电量 855.2 亿 kWh；售电量 823.9 亿 kWh；客户年平均停电时间 2.6h/户，供电可靠率行业对标连续七年排名全国前十。供电服务第三方客户满意度 85 分。

3.8.1 构建技术标准闭环管理体系

深圳供电局承接南方电网部署，借鉴国内外先进企业管理经验，结合实际，建立企业技术标准管理总体框架，将技术标准管理贯穿于资产全生命周期各阶段，重点建立完善行之有效的技术标准执行监督体系，实现管理闭环，达到设备全生命周期的协调统一管理。深圳供电局技术标准闭环管控图如图 3-2 所示。

（1）编制规划、采购、建设、电网与设备运行一致性策略。以技术标准为主线，编制规划、采购、建设、电网与设备运行一致性策略,明确各阶段一致性机制与原则性要求,打破部门间技术标准管理壁垒,从策略层面为资产全生命周期各阶段技术标准的统一提供支撑。

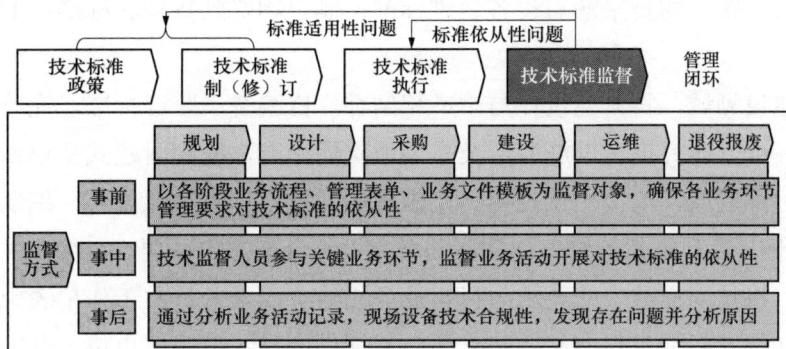

图 3-2　深圳供电局技术标准闭环管控图

（2）编制深圳供电局技术标准管理实施细则。对南方电网技术标准管理制度进行本地化修编,规范技术标准的编写、修订、审核、发布、监督等业务实施的职责与流程要求,从制度体系建设方面保证覆盖全过程技术标准管理与监督。

（3）优化物资技术条件书审查流程。

1）优化明确物资技术条件书审查的相关方职责与流程,增加生产运维单位技术人员审查环节。

2）将物资技术条件书提前至工程项目可研阶段审查,紧密结合工程项目建设目标审查物资采购需求的适用性与经济性,留足充足时间进行审查修改把关,切实提升物资技术条件书编制质量,同时确保物资按照年度采购计划及时采购。

（4）优化物资技术协议签订流程。优化物资技术协议签订的相关方职责与流程,完善生产运维单位技术人员参与审查机制,在保证物资技术协议与技术条件书的一致性基础上,进一步细化物资采购技术条款,确保物资技术协议条款适用性与有效性,为物资合同履约管理提供切实依据,从物资采购源头把关工程设备质量。

3.8.2　着眼目标,立足过程,建立标准体系

（1）编制《深圳电网技术标准体系表》。深圳供电局全面梳理深圳电网各业务涉及国标、行标、南方电网企标、深圳供电局技术规范等技术标准,在承接南方电网《技术标准体系表》的基础上,结合技术标准执行梳理情况,按照设备类型以及资产全生命周期的各阶段业务拆分,编制发布《深圳电网技术标准体系表》,建立业务覆盖全面、应用范围清晰、执行层次明确的技术标准体系表。

在规划设计领域,修编完善深圳版典型标准设计;修编印发规划导则,增加电力管

沟管理、土建与电气分步建设、投产时序和统一电网规划与系统运行标准等内容，统一电网规划设计与电网运行、设备运维标准。

在物资采购领域，细化一级采购物资技术规范的专用部分内容，修编二级采购物资技术条件书，统一物资采购与设备运维标准；制定物资到货验收标准；制定品控技术标准。

在工程建设领域，将典型设计与生产相结合，修编统一验评标准，完善基建项目遗留问题处理标准，研究设备设施制造及安装质保期标准，编制附建式变电站消防标准。

在生产运维领域，承接预试规程、检修规程，结合厂家维保说明，编制设备维护检修"一型一册"，提升维护检修工作质量与效率；结合南方电网要求，编制生产设备一体化作业标准，将技术标准中的要求与日常业务相结合，融入日常工作单表中去等。

（2）建立技术标准查询网站。建立面向深圳供电局各部门（单位）开放的技术标准管理及查询平台，收纳企业《技术标准体系表》所有标准以及其他同类企业技术标准并及时更新，为企业资产管理各环节的查阅及执行提供技术支撑。

（3）通过信息化手段实现技术标准体系持续改进。通过企业技术标准管理平台，实现标准优化改进建议发起、审查、收资、统计功能，不定期收集、评审标准优化改进建议，建立技术标准改进建议库，有效支撑技术标准的持续改进，确保电网及资产在规划、运行中存在的问题及时反馈至技术标准改进环节。

3.8.3 开展对标，确保标准有效落地实施

深圳供电局着力于统一技术标准差异，提升技术标准质量，确保落地实施效果。在设备技术标准方面，深圳供电局在南方电网统筹部署及大力支持下，积极开展了主变压器、GIS 及开关柜三项技术标准的国际对标及提升工作，通过与香港中电、新加坡新能源等先进企业对标，并与 ABB、西门子等合资企业及国内一线制造厂交流，明确了提升措施 98 项，并在实际采购中取得了不错的效果，在合理控制采购成本的基础上，提高了主要设备入网质量。在配网技术标准方面，在南方电网《20kV 及以下电网装备导则》、反事故措施等技术标准基础上，结合深圳配网的特点，制定了《20kV 及以下电网装备技术实施细则》、设备技术规范等实施细则和要求，取得良好的经济效益和社会效益。

3.9 南方电网调峰调频发电有限公司

南方电网调峰调频发电有限公司（简称调峰调频公司）成立于 2006 年 7 月，2006 年 11 月正式挂牌，是南方电网的全资子公司。调峰调频公司主要经营调峰调频发电业务，统一运营、管理和建设南方电网区域内的调峰调频电厂。调峰调频公司所辖投运电厂 7 座，总装机容量 980 万 kW，包括天生桥水力发电总厂、鲁布革水力发电厂、广州蓄能水电厂、

惠州蓄能水电厂、清远抽水蓄能电站、深圳抽水蓄能电站、海南琼中抽水蓄能电站。

按照规划，调峰调频公司将继续有序发展抽水蓄能电站业务，稳妥发展燃气调峰电站业务，主动研究调峰调频新技术，探索电网辅助服务新业态，努力做强做优做大南方电网调峰调频业务板块。

3.9.1 立足发电业务，构建企业技术标准体系

生产技术复杂、自动化程度高的生产特点，决定了标准化管理是保证发电企业安全稳定和科学管理的基础。这其中最重要的一环就是企业技术标准体系的构建。调峰调频公司通过收集国外技术标准体系资料，研究国外技术标准体系特点，分析美国、欧盟、日本、俄罗斯等先进国家和地区的水电行业技术标准体系及技术标准组成情况。通过了解、研究、借鉴国内外有关行业及南方电网技术标准体系建立的情况，调峰调频公司提出了本公司技术标准体系框架图，并通过调研、函审征求了调峰调频公司各单位的意见，在调研汇报上邀请有关部门进行了认真讨论，确定了体系表的第一层、第二层标准框架的设置。体系框架构建过程中，通过对技术标准的不断梳理，框架结构不断进行修订、完善，确定调峰调频公司技术标准体系框架结构。

调峰调频公司设备技术标准体系采用分层结构。主要由两个层次组成。第一层次为技术基础标准，主要继承自南方电网技术标准体系，是指导调峰调频公司技术标准化工作全阶段的技术标准。第二层次为企业生产经营业务不同阶段的技术专业标准、重要技术规范书及技术文件。第一层次的"技术基础标准"，在一定范围内是其他标准的基础，要求普遍遵守执行具有广泛的指导性。主要包括技术标准的标准化指导、术语、标识、安全、档案等内容。第二层次"技术专业标准和文件"结合技术专业分类法和生产流程分类法相结合的原则，按现调峰调频公司生产经营业务的实际情况划分了"201 规划设计""202 工程建设""203 设备材料""204 调度与通信""205 运行检修""206 试验与计量""207 退役与报废""208 安健环""209 技术监督""210 信息技术""211 新能源与节能""212 支持保障"等 12 个类别。每个阶段的综合技术标准是本阶段内应普遍遵守的技术标准，除阶段综合技术标准外还包括若干专业分支。

3.9.2 建设完善的标准化信息系统

自开展标准化建设以来，调峰调频公司注重收录与本公司生产经营业务相关的技术通用、规划设计、设备、工程施工和运行维护、工程退役等方面的技术标准，包括已发布实施且现行有效的国家、行业、团体、企业技术标准及重要的企业技术规范书与技术文件。制定并发布了《调峰调频公司技术标准体系表》（如图 3-3 所示）和 38 类主要设备设施技术标准族。建成了基于生产域信息平台的具有检索、阅读、下载、分享等功能的设备技术情报系统（如图 3-4 所示），该系统对调峰调频公司员工完全开放、免费。

101 标准化工作导则

102 通用技术语言标准

103 量和单位

104 数值与数据

105 互换性与精度标准及实现系列化标准

106 环境保护、安全通用标准

107 各专业的技术指导通测与导则

201 规划设计
1. 综合
2. 水文泥沙
3. 工程规划
4. 工程勘察
5. 水工建筑物
6. 机电设备
7. 电气一次
8. 电气二次
9. 机械
10. 信息与
11. 金属结构
12. 施工组织设计
13. 征地移民
14. 其他

202 工程建设
1. 综合
2. 土建工程
3. 机电设备安装调试
4. 机电综合
5. 电气一次
6. 电气二次
7. 机械
8. 信息与通信
9. 金属结构
10. 施工设备设施
11. 征地移民
12. 工程造价
13. 质量检测与评定
14. 工程管理与验收
15. 其他

203 设备与材料
1. 综合
2. 电气一次
3. 电气二次
4. 机械
5. 信息与通信
6. 安全监测设备
7. 环保设备
8. 水文监测设备
9. 工器具
10. 仪器仪表
11. 其他

204 调度与通信
1. 综合
2. 电力调度
3. 运行方式
4. 水调
5. 继电保护
6. 调度自动化
7. 电力通信
8. 其他

205 运行检修
1. 综合
2. 水工
3. 电气一次
4. 电气二次
5. 机械
6. 信息与通信
7. 安全监测设备
8. 特种设备
9. 工器具
10. 仪器仪表
11. 其他

206 试验与计量
1. 综合
2. 水工
3. 电气一次
4. 电气二次
5. 机械
6. 信息与通信
7. 安全监测设备
8. 环保监测设备
9. 水文监测设备
10. 工器具
11. 仪器仪表
12. 电测计量
13. 化学计量
14. 其他

207 退役与报废
1. 综合
2. 水工
3. 电气一次
4. 电气二次
5. 机械
6. 信息与通信
7. 安全监测设备
8. 环保监测设备
9. 水文监测设备
10. 其他

208 安健环
1. 综合
2. 作业安全
3. 劳动保护
4. 职业卫生
5. 环境保护
6. 应急机制
7. 消防
8. 其他

209 技术监督
1. 综合
2. 绝缘
3. 电测
4. 继电保护及安全自动装置
5. 励磁
6. 节能
7. 自动化
8. 信息通信
9. 化学
10. 环保
11. 金属
12. 水轮机
13. 水工
14. 热工

210 信息技术
1. 综合
2. 基础设施
3. 信息资源
4. 信息开发
5. 信息应用
6. 信息安全
7. 其他

211 新能源与节能
1. 综合
2. 电化学储能
3. 其他

212 支持保障
1. 综合
2. 科技创新
3. 教育培训
4. 档案文献
5. 其他

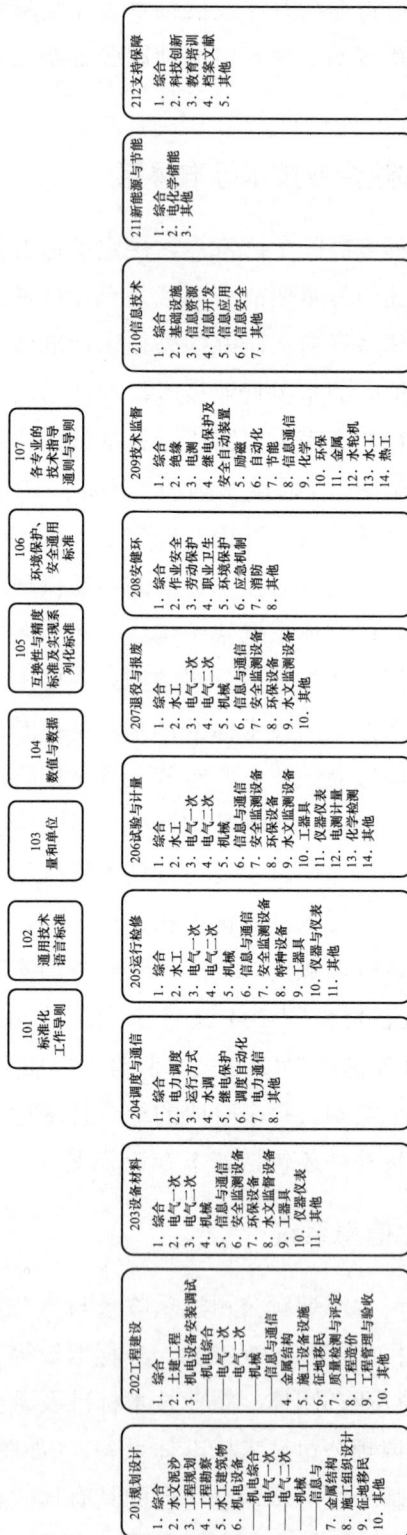

图 3-3　调峰调频公司技术标准体系表

图 3-4 设备技术情报系统

通过标准化成果实施，调峰调频公司规范了发电企业技术标准管理，提升了调峰调频公司技术标准管理水平。调峰调频公司所属各单位对本公司技术标准的框架、内容有了系统而详细的了解，建立的设备技术情报系统，作为一个技术标准共享平台，大大提升了员工工作效率。

3.9.3 鼓励员工积极参加标准化活动

调峰调频公司积极参与标委会相关工作，担任中国电力企业联合会抽水蓄能电站团体标准委员会副主任委员单位。本公司多名专家担任水电自动化标委会等多个标准化委员会委员，积极参与各类标准化活动。

截至 2018 年，调峰调频公司累计主持或参与国际标准编制工作 1 项，累计主持或参与国家标准编制工作 19 项，累计主持或参与行业标准编制工作 15 项，累计主持或参与团体标准编制工作 5 项，主持或参与企业标准编制工作 18 项。

3.10 南方电网科学研究院有限责任公司

南方电网科学研究院有限责任公司（简称南网科研院）是中国南方电网公司控股子公司，2010 年 8 月 6 日正式成立。南网科研院负责为南方电网发展规划、工程建设、安全、经济、优质运行和信息化建设提供全方位、全过程的技术支持与技术服务。

作为南方电网中央研究院，南方电网科技创新工作的重要基地，南网科研院致力于研究电网安全稳定运行与控制、电网经济运行、设备集成应用和客户服务等四大核心技术，成立以来已累计承担国家级科技项目 42 项，南方电网科技项目 200 余项，累计获得专利授权 251 项。在交直流互联电网安全稳定分析、安稳系统策略研究、直流输电工程关键技术研究与自主化实施、电网仿真技术研究等领域方面取得了丰硕成果，其中"高压直流输电工程成套设计自主化技术开发与工程实践"项目荣获 2011 年度国家科技进步奖一等奖。

3.10.1 发挥智囊作用，构建南方电网智能电网技术标准体系

为了贯彻落实南方电网关于编制南方电网智能电网技术标准体系的要求，南网科研院牵头全面梳理南方电网系统关于智能电网现行技术标准情况，根据技术发展和需求补充完善相应技术标准，编制形成体系化的南方电网智能电网技术标准体系。

参照国内外智能电网标准体系，南方电网智能电网技术标准体系按基础层、技术层、应用层三个层级进行了划分，即"基础综合＋通用技术＋具体应用"，其中具体应用划分为以下九个领域：发电技术标准体系、输电技术标准体系、变电技术标准体系、配电技术标准体系、用电技术标准体系、智慧能源技术标准体系、通信技术标准体系、信息技术标准体系、调度运行技术标准体系。

按照所属层级和专业领域划分全面梳理南方电网关于智能电网现行技术标准情况，系统梳理了 1400 多项标准，明确了 44 个技术方向或环节，其中已有 1291 项标准，180 项需要制修订南方电网技术标准（南网企标），其中 40 项标准计划于 2019 年完成编制。

3.10.2 增强行业影响力，积极参与各级标准化活动

南网科研院积极参与柔性直流、智能微电网、计量费控安全装置、直升机、无人机等重要专业领域的技术标准编制工作，历年主持或参与制订并颁布实施国际标准牵头 7 项、国家标准 63 项、行业标准 42 项、团体标准 6 项及企业标准 94 项。通过参与标准制修订工作，南网科研院培养了一只专业技术过硬、标准化知识精通的专家队伍，共计 58 人次参加 38 个全国、行业标准化技术委员会。在此基础上，南网科研院从行业发展的需要，积极申报各级标准化技术委员会。目前南网科研院共承担了两个标委会秘书处的工作，分别是全国电力需求侧管理标准化技术委员会和电力行业电力电容器标准化技术委员会。

（1）全国电力需求侧管理标准化技术委员会。国家标准化管理委员会与 2018 年 10 月 31 日发布公告，正式批复成立全国电力需求侧管理标准化技术委员会（SAC/TC575），秘书处由南网科研院承担。该标委会是南方电网系统首个全国标准化技术委员会，主要领域包括电力需求侧管理基础、需求侧设备和技术、用电与交易策略等。标委会的成立标志着南方电网在标准化工作组织与管理、电力需求侧技术研究及其标准化方面得到了国家和行业高度认可，有力提升了南方电网品牌影响力，对推进我国电力需求侧管理规范化、标准化具有重要意义。

（2）电力行业电力电容器标准化技术委员会。本届（第七届）电力行业电力电容器标准化技术委员会（DL/TC03）成立于 2016 年 12 月，共由 37 名委员、2 名顾问组成，委员和顾问主要来自国家电网和南方电网的生产、管理、科研等部门以及国内主要设计单位，秘书处挂靠单位为南网科研院高压所。

3.10.3 聚焦优势领域，持续提升国际标准参与度

（1）IEEE Std 1899《高压直流输电控制保护设备技术导则》、IEEE Std 1898《高压直流复合支柱绝缘子标准》、IEEE Std 2030.6《电力用户需求响应效益评价技术导则》。南方电网自 2003 年开始特高压直流输电技术研究开发工作，并确定了"自主创新、安全可靠、产学研联合开发"的技术路线。在此背景下，高压直流控制保护、外绝缘、电力需求响应效益评价等关键技术在基础理论、方法、设备等方面取得了跨越式发展。2013年，IEEE 标准化管理委员会根据南方电网过去在高压直流领域基础理论研究积淀及直流工程成功运行经验，批准由南方电网牵头编制南方电网首批承担 IEEE 系列国际标准。该系列标准主要包括：IEEE Std 1899《高压直流输电控制保护设备技术导则》、IEEE Std 1898《高压直流复合支柱绝缘子标准》、IEEE Std 2030.6《电力用户需求响应效益评价技术导则》。

该系列 IEEE 国际标准是南方电网首次牵头制定国际性技术标准，技术成果具有国际领先地位，先后获得国家科学技术进步特等奖、南方电网科技进步一等奖、电力科技进步一等奖。本系列标准内容填补了相关领域的空白，可作为高压、特高压直流输电工程规划、系统研究、工程设计、设备制造、运行检修各个环节的参考性技术规范。标准已推广应用于国内外多条高压、特高压直流工程，取得了明显的经济效益和社会效益，具有十分广泛的应用前景。

（2）首次参编的换流变压器国际标准获 IEC 和 IEEE 联合颁布。2018 年最新版的直流输电用变压器国际标准《IEC/IEEE 60076-57-129：2017 Power transformers-part57-129：Transformers for HVDC applications》已由 IEC 和 IEEE 联合颁布实施。南网科研院专家学者作为由中国国家标准化管理委员会推荐、IEC 派出的联合工作组成员全程参与了标准制定。

该标准的制定历时 7 年。2011 年，IEC 和 IEEE 先后决定修订换流变压器技术标准。为了使标准具有更为广阔的通用性，IEC 与 IEEE 于 2013 年决定成立标准制定联合工作组。2014～2016 年，由来自 10 个国家的 15 名专家组成的 IEC/IEEE 联合工作组先后在瑞典、德国、美国等地进行了 7 轮技术会议并形成了标准（征求意见稿）。随后，标准文件面向全球 41 个 IEC 国家委员会广泛征求了意见。修改完善后的标准文件最终通过了 IEC 和 IEEE 组织的投票表决，并于 2017 年 11 月获得颁布。

得益于国内特别是南方电网系统十余年来在特高压直流输电和柔性直流输电领域取

得的先进技术经验，该项标准既是南网科研院专家首次参与也是国内专家首次参与换流变压器国际标准制定，对标准制定遇到的技术问题提供了一系列的南方电网解决方案，有力提升了南网科研院在国内外相关领域的技术影响力。此外，通过参与标准制定还及时跟踪了国内外相关领域技术研究的最新动态，确保了南方电网在建直流工程设备采购技术规范的国际领先水平。

3.11　南方电网能源发展研究院有限责任公司

南方电网能源发展研究院有限责任公司（简称南网能源院）是中国南方电网公司的全资子公司，是南方电网的智库机构，全面致力打造成为服务国家能源战略、服务能源电力行业、服务经济社会发展的能源行业智囊。

虽然成立时间不长，但南网能源院高度重视标准化工作，对标准化工作在电力工业发展所起到的支撑性作用有着清楚认识。短短几年，南网能源院已承接南方电网企业标准编制 17 项，行业标准 1 项。

为保证技术标准的编制质量，南网能源院积极向兄弟单位学习，采取在大纲编制、中期审查及内审环节中邀请外部专家审查加院技术委员会审查的机制，审查时尽量邀请涵盖建设、运行、设计、监理、施工、设备制造等各方面资深专家，对标准内容进行把控及指导，同时严格控制标准编制进度，切实提高标准的编制质量、实用性及时效性。

为加大标准制修订工作的力度，南网能源院积极与行业协会及政府相关主管部门沟通，积极申报新增技术标准化委员会，力求承接具有更大影响力的标准制修订工作，充分发挥南网能源院"行业智囊"的作用。

3.12　南方电网综合能源有限公司

南方电网综合能源有限公司（简称南网能源公司）是中国南方电网公司专注综合能源业务的公司，是南方电网"一主两翼"战略布局中综合能源业务的实施主体。南网能源公司主营"3+N"业务（"节能服务、新能源、分布式能源与能源综合利用"三大业务以及"售电、电动汽车、碳交易、互联网＋能源服务"等 N 个新型业务）。

2018 年，南网能源公司作为拟承担秘书处职能单位，正式筹建电力行业综合能源服务标准化技术委员会，为制定统一的技术导则和行业约束标准，提升综合能源服务相关技术、产品和服务的设计、生产、应用标准，跟进最新技术发展趋势，推进先进技术标准的吸收及转化，支持综合能源服务产业健康发展的同时促进电网标准化发展不断努力。

3.12.1 多举并进，全方位推动标准化建设

南网能源公司按照"一个体系、两个抓手、三个支撑、四个平台"的思路开展标准化建设。

一个体系。持续完善光伏、风电业务的技术标准体系，在南方电网技术标准体系基础上紧贴业务特点，突出光伏、风电业务特色，鼓励构建具体专业领域标准子体系。

两个抓手。技术标准工作方面，持续提升标准编制过程规范化管理水平，高质量完成技术标准新编、修编任务，在优势领域需求国际化标准工作突破，做实技术标准在业务中的可执行载体；技术监督工作方面，健全完善相关规范文件，加强监督力度，确保技术标准的刚性执行。

三个支撑。人才队伍保障方面，采取多种形式对通用性、强制性标准进行宣贯；信息系统保障方面，推广应用并持续完善相关系统功能，全面提升标准化支撑服务能力；资金保障方面，优化预算安排，提高使用效率。

四个平台。推动建立并不断完善南方电网生产技术示范基地（技术标准管理）、创新联盟和协会、标委会（综合能源服务标准化技术委员会、电力设备智能运检标准化技术委员会）、科技成果转化四个平台，更好支撑南网能源公司技术标准化工作。

3.12.2 紧贴业务，建立光伏、风电特色的技术标准体系

南网能源公司根据光伏、风电业务实际情况完善标准体系，在南方电网及国家技术标准体系的基础上，删除明确不属于业务范围的类别及标准（保留涉网标准），同时增补了南方电网能源光伏、风电相关业务指导书、技术指导意见等，并对常用的标准标示了"重点关注"，区别南方电网的体系，突出综合能源特色。

通过建立健全南网能源公司技术标准体系表，为企业技术标准年度制修订计划和长远规划提供编制依据；通过标准体系分析，明确目前哪些设备和环节缺失标准，指导企标、行标和国家标准制修订计划，促进技术标准在系统的贯彻执行，为工程技术人员提供技术参考依据，为企业生产经营活动提供技术辅助支撑。

针对各环节标准不统一的问题，南网能源公司开展标准一致性梳理。国家/行业标准分为强制性标准和推荐性标准，强制性标准必须严格遵照执行，推荐性标准可参考执行。强制性标准包括国家发布的强制性标准、南方电网的企业标准和公司技术文件。推荐性国家标准、行业标准指标不一致时，建议先行申请修编南方电网的企业标准和公司技术文件，确保指标确定，强制实施。最后在此基础上申请修编国家/行业标准，争取实现标准指标要求统一。

3.12.3 促进技术标准落地实施

南网能源公司目前着力于光伏、风力发电建设与运维技术研究，并形成了一系列的

技术标准。通过科技重大专项的研发攻关，为生产领域技术应用提供了强大的技术支撑，在此基础上形成技术标准，为业务发展安全生产保驾护航，形成了直接和间接效益。通过成立技术标准和技术监督委员会，协助南方电网在原有安规基础上对综合能源业务进行补充，确保监督工作有法可依、有章可循。

3.13　南方电网数字化研究院

南方电网数字化研究院成立于 2017 年 2 月，是中国南方电网有限责任公司的全资子公司，作为南方电网信息化工作主要的支撑、服务、保障单位，立足南方电网，面向社会，开拓国际。在此基础上拓展云计算、大数据、物联网、移动应用、人工智能、智能电网等新技术、新业务领域市场，不断向价值链高端发展，与互联网生态全面融合，致力于成为有市场竞争力的卓越能源互联网服务运营商。

3.13.1　信息领域标准化工作的迫切需求

近年来，国家对企业信息化建设要求不断提高，特别对企业的安全、内控提出了更高的要求，相继出台了一些如"国家信息化领导小组关于加强信息安全保障工作的意见"和"信息系统安全等级保护基本要求"等相关的政策和规范，要求企业加强内部的安全管理和控制，构成网络安全信任体系的基础。同时为了满足南方电网业务和信息化的迅速发展，对标准建设提出迫切的需求。希望通过建立健全标准体系，促进应用系统的管理和系统资源的开通过程遵从企业的安全及其他规定，提供信息系统安全的基础平台；解决全局系统下的统一性问题，实现各个信息系统标准化及监管，关注信息系统的全生命周期的管理和安全控制，能够及时发现存在的安全事件和安全隐患，进而进行及时的响应。满足国家及行业主管部门的相关管理要求，适应南方电网集团业务及管理发展对信息安全的需要是标准化所需要解决的核心问题。

3.13.2　争当信息科技标准化领域的"排头兵"

鼎信公司通过协助南方电网建立健全《4A 平台技术规范》《PKI/CA 身份认证系统标准》技术标准体系，为南方电网 4A 平台技术标准年度制修订计划和长远规划提供编制依据。通过《4A 平台技术规范》标准体系促进技术标准在南方电网信息系统的落实，为工程技术人员提供技术参考依据，为南方电网 4A 平台及其接入 4A 平台的信息系统生产经营活动提供技术辅助支撑。通过规范 PKI/CA 系统建设和改造，提高业务处理能力和工作效率，大幅减少用户的停工成本、运维人员的工作成本，为南方电网未来的 PKI/CA 身份认证系统建设及信息化安全整体建设奠定良好的基础。

第4章 南方电网标准化成果

4.1 直流融冰装置系列标准

电力系统是现代社会高度依赖的能源供给系统。输电线路覆冰是电网安全可靠供电的最严重威胁之一，世界上 100 多个国家、我国 10 多个省份长期遭受冰灾危害，并因输电线路覆冰导致了国内外电网多次大面积瘫痪。2008 年我国南方冰灾导致近千万用户停电，造成各类损失超过 1000 亿元，究其主要原因是电网缺乏应对冰灾的高效除冰技术以及相关装置设计、制造、检验和使用等标准。在推进电网防冰抗冰科技研发的同时需要进行相关标准的研制，与抗冰防冰相关产业的发展实现同步。在国家支撑计划、国家自然科学基金和南方电网重大科技专项支持下，该标准项目率先突破了电网融冰关键技术，发明并成功研制了可控电流源型直流融冰系列装置，围绕该核心装置，对电网主动防冰技术，装置设计、制造、检测验收等技术进行了全面研发，同步进行科技成果向技术标准转化。

该系列标准在产业中具有很好的适用性和行业引领性。南方电网在全面总结电网防冰抗冰科技成果和应用经验的基础上，建立了完整的防冰融冰标准体系，2008 年首先将"线路抗冰加固、直流融冰、覆冰监测"成果形成企业标准，在南方电网的实施过程中进行了科技的再创新，2011 年开始编制直流融冰装置电力行业标准，并持续创新，2012 年开始编制直流融冰装置、覆冰监测等、电网冰区分布图绘制等国家标准。科技研发人员、咨询设计人员、设备生产商、设备使用单位等相关方一同参加了该系列标准的制定工作。

该标准项目是科技成果向技术标准转化的典范。直流融冰装置系列标准是在全面总结现已成功应用的直流融冰装置工程系统设计、调试、运行和维护等经验形成的，规定了直流融冰装置系统设计和应用的基本要求，包括直流融冰装置的设计、功能性能、试验、主要设备技术要求、运行和维护。该系列标准的制定解决了融冰技术在现代电网中大规模工程应用的世界难题，改变了以往效率低下、劳动条件恶劣、安全风险高的人工除冰方式，促进了电网防冰抗冰的技术进步，实现了电网抗冰融冰技术、标准和产业深度融合与创新发展。

该系列标准在国际上是首次制定。鉴于国际上尚无相关标准，项目组正在争取在

IEC、CIGRE 等国际组织中成立工作组，以中国标准"走出去"带动我国电网防冰抗冰技术、装备"走出去"。获授权国家发明专利 45 项、美国发明专利 1 项、其他知识产权 56 项，出版专著 2 部，标准支撑形成的系列创新成果荣获省部级科技进步奖一等奖 3 项、二等奖 4 项，技术发明奖二等奖 1 项，中国专利奖优秀奖 1 项，广东省专利金奖 1 项。

4.1.1 主要特点与内涵

（1）技术标准体系创新。系统地对国内外电网防冰融冰的技术现状与发展进行了研究，并结合国家和行业关于技术标准体系的编制要求，围绕电网防冰融冰科技创新成果及推广应用情况，形成了一套覆盖抗冰加固、直流融冰、覆冰监测等环节的电网防冰融冰技术标准体系，一方面确保了现有技术标准的有力实施，保证电力系统在覆冰期中安全运行，实现了电网从"被动抗冰"到"主动防冰"的转变；另一方面强化了技术标准对电网防冰融冰工作的指导，通过体系梳理，有针对性地推动电网防冰融冰工作的不断完善。

（2）技术创新。针对人工机械除冰效率、风险高，电网无高效除冰技术的难题，通过对各电压等级输电线路融冰参数进行分析和计算，提出可在电网大规模应用的输电线路融冰方法；针对待融冰线路与融冰装置连接困难等难题，提出了隔离开关动静触头采用不同的绝缘等级技术，突破输电线路与融冰装置自动、快速、安全连接的技术瓶颈；针对直流融冰工程验收无依据的难题，研究了融冰装置在多种工况下的等效机理，首创了融冰装置全工况等效验证方法。相关技术创新且转换为标准，形成行业标准 1 项、国家标准 1 项。

（3）设备创新。针对输电线路所在自然环境差异大、强电磁环境等难题，提出了性能功能好、可靠性高、运维简单的可控电流源型融冰装置拓扑，率先研发出可控电流源型系列融冰装置、融冰自动接线系列隔离开关等相关设备，积极推动融冰装置及相关设备标准化工作，提升了相关设备的制造质量与效率，保障了直流融冰工程的实施，促进了国内大功率电力电子产业的进步。相关设备形成行业标准 1 项、国家标准 2 项。

该系列标准填补了国内外在该电网防冰融冰领域的空白，推动了技术、标准和产业深度融合，实现了创新发展，引领了国际电网抗冰融冰技术的创新和发展，也促进了我国电工装备技术发展和行业进步。

4.1.2 实施应用情况

（1）在电网设计、设备制造和电网运维等领域实施。该系列标准在制定的同时采取了"同步推广应用"的方式开展推广应用，包括电网规划与设计、设备制造和检验、抗冰融冰工程设计与验收、电网融冰作业等领域。实施单位包括电网设计咨询商（西南电力设计院、中南电力设计院、云南省电力设计院、贵州省电力设计院等 10 家）、设备制造商（南京南瑞继保电气有限公司、辽宁荣信兴业电力技术有限公司等 8 家）、电网运营商（贵州电网公司、云南电网公司、四川省电力公司、江西省电力公司等 13 家）。

该系列标准在输电网、配电网输电线路规划设计中实施，特别是已在我国多项重大输变电工程中实施，如国家重点工程"西电东送"通道中的 500kV 贵广交流线路，±500kV 贵广直流线路，±500kV 从直流线路，±500kV 金中直流线路，±800kV 滇西北特高压直流线路，以及二滩、瀑布沟、锦屏等水电送出 500kV 交流线路。

（2）该系列标准已普及到全国 13 个省（市）电网公司。包括贵州、云南、四川、浙江、广西、广东、甘肃、河南、青海、江西、福建、重庆、安徽共计 13 个省（市）。

（3）构建了完整的标准推广应用体系。南方电网以该系列标准为基础建立起了职责明确、流程清晰、运作有效的常态化防冰体系，及时有序融冰，确保电网安全。南方电网在贵州、云南、广东、广西电网公司和超高压公司共安装直流融冰装置 93 套，可对 1362 条 110kV 及以上线路输电线路导线（其中 500kV 线路 97 条、220kV 线路 425 条、110kV 线路 840 条）、60 条线路地线（其中 45 条有 OPGW）进行融冰。建成覆盖南方电网覆冰区域的实时监测系统（包括覆冰监测装置 900 多套），实现对电网冰情实时准确掌控。2009~2017 年，南方电网对 110kV 及以上输电线路融冰超过 1200 次，冰灾期间基本无线路受损，基本无负荷、供电量损失。

四川省电力公司、浙江省电力公司、青海省电力公司、安徽省电力公司等实施了该系列标准，在 2011~2017 年实施融冰 200 多次，确保了输电设备和电网的安全。

4.1.3 社会效益与经济效益

（1）社会效益。

1）为国民经济的正常发展提供有力保障。2009~2017 年在贵州、云南、四川 13 省（市）应用表明融冰速度快，效果好，未再发生因覆冰造成的线路受损，工农业生产和人民生活未再受停电影响。

2）确保了西部清洁能源的输送。维护我国"西电东送"通道安全，为国家"西电东送"战略的顺利实施提供了技术支撑，该系列标准应用后累计减少清洁能源损失超过 520 亿 kWh。

3）保障电力供应安全，使得我国电网的抗冰防冰模式从"被动抗冰"转变为"主动防冰"。标准成果应用为电力系统输电线路抵御冰雪灾害提供了高效手段。

4）开创电气工程学科新的研究领域，带动相关产业发展，引领国际防冰融冰技术创新和发展方向。标准成果得到国际同行高度认可，加拿大、英国、丹麦等国际同行多次来华进行技术交流并寻求合作。

（2）经济效益。2008 年冰灾中仅贵州省损失 GDP 约为 300 亿元。根据贵州气象局提供的数据，2009~2017 年覆冰期贵州电网实际覆冰情况与 2008 年的相似度分别为

30%、20%、88%、20%、30%、40%、30%、50%、40%。该系列标准应用后，贵州省工农业生产供电未再受停电影响。每年减少 GDP 损失＝2008 冰灾 GDP 损失×覆冰相似度，累计减少贵州省 GDP 损失超过 1150 亿元。南方电网覆冰区域，约占全国覆冰区域 30%，该系列标准应用后累计减少 GDP 损失超过 3820 亿元。

4.2　配电网防风抗灾系列标准

南方电网管辖范围内，广东、海南、广西濒临南海，迎风面海岸线超过 2000km，常年遭受太平洋和南海台风的侵袭，台风气候近几年越发频繁，仅 2003～2017 年 15 年间，登陆南方电网区域的台风就有 58 个（含热带风暴），平均每年约有 3.87 个。其中，强台风 10 个，超强台风 2 个，平均每年约有 1.5 个达到 12 级以上。电力系统供电设施一旦因台风遭受重大损失，将严重影响正常供电，给许多重要行业带来连锁性、摧毁性的风险和损失，甚至有可能进一步导致社会性灾难。台风灾害后电力抢修迫在眉睫，由于抢修环境比正常抢修恶劣，抢修工程具有难度大、工期紧、任务重的特点，电网公司不得不投入大量的人力、物力和财力。例如，2014 年超强台风"威马逊"导致南方电网区域 21 个地市不同程度受灾，共有 532.7 万用户供电受到影响，海口、文昌的负荷最大损失率超过了 95%，湛江、钦州、北海负荷损失率超过了 70%，直接经济损失超过 13 亿元，抢修物资总费用达 2.8 亿元。

近年来，南方电网按照需求分析、编制标准、推广试用、总结经验、反复修编的方式，以《20kV 及以下电网装备技术导则》作为纲领，《设计基本风速分布图》作为指导，《配电线路防风设计技术规范》作为设计要求，《配电线路防风工作导则》和《配电设施防风加固技术措施》等作为策略，《环型混凝土电杆技术规范》等技术规范书作为电网建设物资要求，建立了包含 9 项系列标准的配电网防风技术标准体系，供下属各单位在实施电网防风工作的过程中参考。该技术标准体系首次系统提出了配电网防风加固原则、加固技术措施、防风设计标准，规范了线路杆塔防风技术参数，涵盖了配电网建设、运维、改造、抢修等各方面内容，全面覆盖了配电网资产全生命周期管理所有环节。

依托南方电网配电网防风抗灾系列标准，广东电网、海南电网、广西电网等沿海地区电网的新建线路严格执行防风设计规范，并按照加固原则对在运的线路进行防风加固，配电线路设备抵御台风灾害的能力逐年提升，遭受台风时的受损程度得以大大下降，同时减少了抢修工程量以及复电所需时间，有效降低了台风灾害对正常生活和生产造成的影响，产生了极大的社会经济效益，对日益受到重视的电力行业防风抗灾工作起到了积极的推动作用，该标准体系所确立的基本原则和主要方法，适用于台风频发的沿海地区电网，可推广至南方电网范围以外的其他沿海地区供电企业的防风抗灾工作中。

4.2.1　主要特点

首次提出了配电网防风技术标准体系，该体系包括配电网防风设计标准、防风加固原则及技术措施，规范了线路杆塔防风技术参数，覆盖了配电网资产全生命周期管理所有环节。

编制了《南方电网沿海地区设计基本风速分布图》，提出了南方电网沿海地区 30 年一遇、50 年一遇设计基本风速，提供了防风工作开展的气象依据，有效指导了沿海地区配电线路的设计、改造工作。

编制了国内首部《配电线路防风设计技术规范》，用于指导南方电网沿海强风区域 20kV 及以下架空线路的设计、改造和运维等工作，有效提升配电线路抵御台风的能力，减少线路故障和经济损失。

编制了《20kV 及以下电网装备技术导则》《配电设施防风加固工作导则》《配电设施防风加固技术措施》以及《低压配电线路防风工作导则及技术措施》，指导和规范了沿海地区配电网防风加固工作，提高了中低压配电网设施的防风抗灾水平。

编制了《20kV 及以下环型混凝土电杆技术规范》《20kV 及以下高强度电杆技术规范》和《20kV 及以下（部分）预应力电杆技术规范》等，规范了电杆本体及附属配件的技术要求，明确了最大设计风速应满足《南方电网沿海地区设计基本风速分布图》要求。

4.2.2　实施应用情况

该标准体系自 2015 年 1 月起应用执行，总体成效如下：

（1）采用风速分布图提高了防风标准。运用风速分布图校对不同等级风圈内的设备设计风速，筛选设计风速不达标的防风薄弱点。沿海地区配网设计风速在 32.8m/s 以下占 53%，低于风区分布图风速要求。综合考虑风速分布、网架结构和负荷等级，制定出适合南方电网区域的设计风速，比国家标准的设计风速普遍提升了 1～4m/s。

（2）采用设计规范和防风加固措施提高了配电网设备抗风能力。相关设计规范满足了设备基本设计风速超过 35m/s 要求。2015 年，湛江电网在"彩虹"台风 10 级以上风圈中，未加固的 10kV 电杆共有 6132 根受损，受损比例为 7.40%，已加固的 10kV 电杆共有 785 根受损，受损比例仅为 1.12%，加固后的线路受损比例明显低于未加固的线路。广西电网 526 个配电网防风加固项目线路在"彩虹"台风中未发生断杆、倾斜倒塌和断线情况。

（3）采用杆塔设计规范显著降低倒断杆比例。南方电网台风受损中压配网断杆与倒斜杆的比例从 2013 年的 1:2 逐年下降至 2016 年 1:8，低压配网断杆与倒斜杆的比例从 2013 年的 1:2 逐年下降至 1:5，说明近几年台风导致的断杆比例降低，抢修难度逐年降低，用户复电时间大大缩短，防风加固工作效果显著。

南方电网 2015～2017 年的防风工作验证了配电网防风标准技术体系的有效性,真正做到了"灾前防,灾中守,灾后抢",提高了配电网防风抗灾能力,可用于沿海台风多发地区配电网的防风抗灾工作,具有广泛的应用前景:

1）风速分布图:为电力设备以及其他相关行业提供设计风速的参考值。

2）杆塔和线路设计规范:参照沿海地区风速分布图,细化到设备的具体选型、材料以及安装基础等方面,整体提高配电网标准设计中的防风能力要求。

3）防风加固原则:针对距离海岸线不同距离、位于不同风速风区线路采取差异化防风标准开展防风加固工作,提高配电网设施的设防水平。

4.3　500kV 输变电设备带电水冲洗作业技术及装备系列标准

该系列标准是依托广东电网公司多年带电水冲洗相关科技成果建立,成果对 500kV 输变电设备带电水冲洗技术进行了深入研究,建立了 500kV 交流输变电设备带电水冲洗理论体系,系统开展了 500kV 带电水冲洗中水冲及大水冲水柱绝缘、变电设备冲洗绝缘、输电线路绝缘子冲洗绝缘、安全监视等方面的研究,首次提出了 500kV 输变电设备冲洗方法,研制了 500kV 变电设备带电水冲洗车、500kV 输电线路带电水冲洗车以及机器人带电水冲洗装置,并制定了《500kV 输变电设备带电水冲洗作业技术规范》和《电力用车载式带电水冲洗装置》两项电力行业标准,授权了 7 项发明专利及 8 项实用新型专利,填补了国内 500kV 输变电设备带电水冲洗的技术空白,成果达到国际领先水平。

标准对 500kV 变电站（包括敞开式变电站、HGIS 变电站）和输电线路典型设备冲洗方法、设备冲洗程序、水冲洗装备、水柱绝缘及支柱绝缘、安全监视设备等做出了规定,规范了 500kV 输变电设备带电水冲洗作业,提高了 500kV 输变电设备带电水冲洗作业的标准化技术水平和安全性,也为进一步大面积推广 500kV 输变电设备带电水冲洗垫定基础。

标准颁布实施后,已在佛山、清远、茂名等多个地市局进行推广应用,应用效果很好,能够解决电网生产中的实际问题,冲洗效率高、冲洗设备运行维护方便,冲洗效果好、快速彻底,对于 500kV 输变电设备的运行维护及管理起到了积极作用,同时对 ±800kV 直流输电线路、特高压输变电设备的带电水冲洗也有着极大的借鉴价值。

4.3.1　主要特点

本成果创新点主要有以下几点:

（1）建立了 500kV 交流输变电设备带电水冲洗技术理论体系。首次系统研究带电水冲洗水射流力学特性,进行带电水冲洗管路压强损耗、喷嘴压强损耗计算,研究了带电水冲洗射流泵及管路动力学、水射流形态及结构、水射流打击力、水射流清洗效率,提出了 500kV 带电水冲洗射流参数配合。提出了带电水冲洗水柱打击力、清洗效率、喷嘴流量系数等水射流参数测试方法以及 500kV 输电及变电设备冲洗方法和冲洗人员实操考核装置。

（2）系统开展了 500kV 带电水冲洗中水冲及大水冲水柱绝缘、变电设备冲洗绝缘、输电线路绝缘子冲洗绝缘、安全监视等方面的研究，填补了 500kV 输变电设备带电水冲洗理论研究的空白。研究了带电水冲洗高压水柱绝缘特性，明确揭示了带电水冲洗中水柱泄漏电流与水柱长度、水柱压强、水电阻率及喷嘴直径之间的关系，提出了安全水柱长度。开展了 500kV 输变电设备带电水冲洗方法研究，针对不同类型的 500kV 输变电设备，提出了安全可靠的冲洗方法，基于绝缘子表面泄漏电流特性有效地定量评估了冲洗方法有效性及冲洗闪络概率。使用紫外监测仪、红外测温仪对带电水冲洗全过程进行监测，对冲洗过程中的危险点和危险时刻进行了系统研究总结。

（3）首次将机器人技术及摄影测量定位技术应用与绝缘子带电水冲洗，研制了 500kV 变电设备车载平台机器人带电水冲洗装置，实现了 500kV 变电设备带电水冲洗作业的机械化、自动化及智能化。

（4）研制了 500kV 柴油机驱动大功率离心泵及柱塞泵两种泵型输电线路带电水冲洗车，实现了远距离、特高压力、大直径带电水冲洗，引水管直径 31.75mm，最大水平输送距离 300m 及同时最大垂直输送高度达到 180m，高压柱塞泵出口压力达到 12.5MPa。

（5）实现了 500kV 输变电设备带电水冲洗技术及装备的标准化，提高了电网防污闪工作效率。完成了国家能源行业标准《500kV 交流输变电设备带电水冲洗作业技术规范》和《电力用车载式带电水冲洗装置》，完成了广东电网公司《广东电网公司输电线路带电水冲洗作业实施细则》和《广东电网公司变电设备带电水冲洗作业实施细则》。

4.3.2 实施应用情况

500kV 变电设备带电水冲洗试点开展了东莞板桥培训基地 500kV 变电设备冲洗试验和西江站、罗洞站 500kV 变电设备带电水冲洗，冲洗效果显著，作业无安全风险。500kV 输电设备带电水冲洗成功开展了清远 500kV 山花甲乙线共计 24 基杆塔的带电水冲洗工程和佛山 500kV 罗北甲线 2 号塔带电水冲洗工程，大大提高了绝缘子的绝缘性能，有效地防止了污秽闪络事故的发生。另外，本成果目前已在广东电网公司其他多个供电局及广州供电局、深圳供电局的输电线路及变电站开展了实践作业，应用效果良好，社会经济效益显著。随着 500kV 输变电设备带电水冲洗装备的研制成功，输电线路带电水冲洗技术可覆盖平原、丘陵 90%地区，随着技术的推进和应用完善，可望推广至山地线路设备，500kV 输变电设备带电水冲洗技术体系对±800kV 直流输电线路、特高压输变电设备的带电水冲洗也有着极大的借鉴价值。

4.3.3 社会效益与经济效益

500kV 输变电设备带电水冲洗的推广应用，可有效降低 500kV 输变电设备污闪跳闸率，进而降低南方电网"西电东送"直流系统闭锁的风险；通过带电水冲洗应急抢修的实施，佛山、中山、东莞等地区已连续多年实现"零污闪"的安全生产目标。500kV 输变电设备带电水冲洗方法和装置，弥补了 500kV 输变电设备带电水冲洗，因高度大、环境复杂、无理论支撑而无法实施的缺陷，保证了作业的安全性，提高了作业有效性和效率，降低了劳动强度和成本，提高了 500kV 输变电设备运维水平。

500kV 输变电设备带电水冲洗，解除了长期以来 500kV 输变电设备无法停电清扫的困扰，弥补了电力供应缺口，减少工农业生产和居民停电时间，提高了供电可靠性和用户满意度。

4.4 数字化变电站测试检验技术系列标准

贵州电网数字化变电站测试检验技术系列标准属于智能电网中数字化变电站技术领域。

随着光纤通信技术、IT 技术、网络通信技术等技术的发展及数字化变电站的试点应用，使得数字化变电站技术日趋成熟，但在检测技术方面处于探索阶段，虽然取得了一些成绩，但到目前为止还没有形成一套全面的数字化变电站检测技术的标准体系，有的项目没有相关的检测设备及较好的检测方法。因此，在数字化变电站检测技术方面上，仍需要进行全面深入的研究。

为解决数字化变电站检测问题，探索数字化变电站相关设备的检测方法及检测设备，对数字化变电站单体设备、系统级检测内容及方法进行研究；对数字化变电站相关检测设备进行研究；制定贵州电网数字化变电站检测规范体系；对研究内容进行推广应用。

通过研究形成一套完整的数字化变电站检测体系，解决了数字化变电站的检测问题，使得数字化变电站的二次设备在入网、现场等环节有据可依。提出了一种基于合并单元采样计数器的对时及守时精度测试方法，解决了对时及守时的检测问题；开发相应的测试设备，解决了在时间跳变、误码等异常情况下合并单元、保护的处理是否正确的问题；提出了一种利用变电站配置描述文件自动进行数字化变电站保护系统可靠性分析的方法，提高了数字化变电站保护系统的可靠性。

4.4.1 主要特点

从 2009 年贵州电网建成投运第一座数字化变电站——110kV 中华变电站以来，截至 2018 年，贵州电网在建及投运的数字化变电站超过了 200 余座，其中已经投运的数字化变电站超过 170 余座。从 2009 年开始，贵州电网公司开展了一系列的数字化变电站的技术研究，以及规程规范的编写，取得了一定的成绩，但缺少相关的检测方面研究。

从 2012 年开始，贵州电网公司总结数字化变电站的以往的检测经验，围绕相关设备的检测方法、系统级的检测项目及方法、相关的检测设备等方面进行研究。制定了完整的数字化变电站检测规范体系，主要特点如下：

（1）作为第一套完整的数字化变电站检测规范体系，填补了南方电网乃至我国数字化变电站全套检测规范的空白。

自 2008 年起，在数字化变电站建设方面，南方电网积极进行数字化方面相关的技术研究和推进数字化变电站，在 2009 年 9 月 1 日发布了《数字化变电站技术规范》（Q/CSG 11006—2009）。在国家电网及南方电网相关规范体系中，针对数字化变电站相关设备的检测规范较少，仅检索到 GB/T 26866—2011《电力系统的时间同步系统：检测规范》、DL/T 281—2012《合并单元测试规范》、Q/GDW 431—2010《数字化变电站自动化系统现场调试导则》、Q/GDW 540—2010《变电设备在线监测装置检验规范》、Q/GDW 689—2012《数字化变电站调试规范》、Q/GDW 690—2011《电子式互感器现场校验规范》等；南方电网目前尚未发布关于数字化变电站检测类的相关规程规范；各省电网公司也提出了一些适用于各自辖区的检测规范。

贵州电网公司作为整个南方电网数字化变电站建设的排头兵，拥有占整个南方电网近 90%的数字化变电站。虽然数字化变电站建设推广的步伐很快，但是由于缺乏完善的检测标准体系，使得贵州电网公司在数字化变电站的进程中，遇到诸多问题。没有相关的技术标准以及检测技术标准的支撑，数字化变电站智能设备的关键技术一直没有得到全面有效的研究与评估，导致很多数字化设备试验不完全，在现场运行过程中会出现较多问题。为解决以上问题，贵州电网公司开展数字化变电站检测技术的研究，开发相应检测技术，制定相关规范标准，形成了一套完整的数字化变电站检测系列规范。

贵州电网数字化变电站检测规范系列是南方电网乃至全国第一套完整的数字化变电站检测规范体系，该系列规范自发布后对数字化变电站的建设起到了巨大作用。不仅提高了数字化变电站测试的效率，也使数字化变电站的测试规范化，防止了数字化变电站测试过程中的盲区。降低了调试单位因测试不全面导致的运行风险。

（2）针对入网检测及现场检验不同的应用需求，独立制定相关检测规范，让不同阶段的检测工作能够根据检测环境做到有效的检测。同时，为了提高规范的实用性，特别制定现场检测作业指导书，为现场检测工作提供一套完整的检测手段及方案。

在贵州电网数字化变电站检测系列规范发布之前，查阅相关规范不难发现，以往发布的相关规范侧重于相关设备的入网检测方面，未考虑到现场建设时实施的可行性。入网检测规范细致全面的规范了入网检测过程中的检测项目、检测指标及检测方法，从根源上把控了变电站装置的安全可靠性。现场检测规范针对现场检测过程中的技术条件规范了现场检测的关键性检测项目，使得现场检测工作具备良好的可行性及针对性。此外，该系列标准中还提供了现场检验作业指导书，对不同数字化设备的检验工作作出了具体的指导，有效增加了该系列标准的实用性。

同时，针对数字化变电站中一些特殊的应用需求，该系列标准提出了相应的检测手段，例如数字化变电站的同步对时系统、SCD配置。

相对于传统变电站，智能变电站对时间同步网络的要求更高更严格，而市面上的各种时间同步装置却参差不齐：接口类型不规范、同步时间长、同步信号稳定性差、自守时能力差、网络负载能力不足等问题屡有发生。另外，智能变电站中时间同步装置出现异常和故障时，各类被同步装置应该如何响应并没有统一的规范。所以，一旦时间同步装置在运行中出现故障，被授时设备的运行将受到影响，严重时将导致整个电网时间混乱，给电力系统带来损失。为了保障智能变电站的正常运行，必须对每一种入网的时间同步装置和被同步装置进行全面的时间同步特性检测。

另一方面，随着电子式互感器以及合并单元的大量应用，数字化继电保护已经替代传统继电保护设备成为市场主流产品，目前高电压等级数字化继电保护普遍采用的点对点采样技术，要求继电保护装置能够适应不同时间特性合并单元的采样值输出。

目前国内外数字化继电保护测试设备大多是基于上位机虚拟数据输出，然后由测试设备将这些虚拟数据按照配置信息转化成数字化继电保护设备所需要的采样值报文发出，这种测试模式测试设备所发出的采样值数据是按照相同节拍固定时间间隔发出，延时配置输出也是基于相位的偏移无法真正模拟现场合并单元分散布置后，不同合并单元采样值报文输出时时间随机离散的特性。这种测试模式是一种基于理想化数据输出的测试方法，其测试的结果只能验证数字化继电保护的基本功能，无法验证数字化继电保护对不同合并单元时间特性的兼容能力、容错能力，所以现场按照这种方式测试完成后，并不能真正反映数字化继电保护装置现场的跨间隔采样同步能力。这给跨间隔保护的实际运行留下了极大的隐患。

因此，为了对数字化变电站同步对时系统及保护装置的同步性能进行有效的测试，贵州电网公司研究了数字化变电站同步对时系统、跨间隔保护同步性等测试方法，并研制了相应的测试设备，并形成了一套完善的同步检测方案，该检测标准的形成，填补了我国数字化变电站时间同步特性检测全套解决方案方面的空白，对提高智能变电站基础理论研究水平、保障智能变电站可靠运行具有重要意义。

（3）贵州电网数字化变电站检测规范在规范体系建设方面更为全面，做到了被测设备的全覆盖，使得检测工作能够全面开展，有据可依。

针对数字化变电站新增的设备，在标准体系中为一些以往未纳入规范体系中的设备建立了相关检测规范，例如新增了贵州电网录波及网分一体化装置入网检测规范、贵州电网数字化变电站低压"四合一"一体化装置入网检测规范贵州电网数字化变电站交换机入网检测规范等。这些规范的建立解决了以往检测中相关设备无据可依的状况。

此外，数字化变电站和常规变电站的一个重要区别是前者在工程配置中广泛采用变电站配置描述（Substation Configuration Description，SCD）文件。SCD 文件决定了整个数字化变电站的配置信息，对变电站的稳定运行起着至关重要的作用。如果充分利用变电站配置描述文件，可以对变电站保护系统可靠性进行有效分析及检测。

与变电站所采用的其他配置文件相比，SCD 文件具有两点重要区别，一是该文件具有严谨的语法结构和语义描述，因而实现了"机器可读"（machine readable）；二是该文件完整描述了变电站的一次系统拓扑、智能电子装置（Intelligent Electronic Device，IED）内的功能拓扑以及全站的通信拓扑。因此，利用 SCD 文件对智能变电站进行自动的性能评估具有可行性。

基于上述的条件，贵州电网提出一种基于 SCD 文件的智能变电站保护系统可靠性自动分析方法，与现有技术相比，该方法具有效率高、能适应智能变电站保护系统的多种通信方式等优点。

4.4.2 实施应用情况

从 2014 年贵州电网数字化变电站测试检验技术系列标准发布以来，便在贵州电网全范围内推广应用。从数字化设备的入网检测，到数字化变电站的出厂验收，从投运前的现场检测，到运行后的定期检定均得到了全方位的应用。

截至 2018 年，贵州电网在建及投运的数字化变电站超过了 200 余座，其中已经投运的数字化变电站超过 170 余座，在该系列标准系统的指导下完成测试投运的站超过 150 余座，运行状况良好，有效指导了贵州电网数字化变电站的建设，极大推进了贵州电网公司乃至南方电网数字化变电站前进的步伐。

此外，贵州电网数字化变电站测试检验技术系列标准中的部分测试技术，已经写入智能变电站相关国标、行标、南方电网企标中，将成果推广至全国。

4.4.3 社会效益与经济效益

数字化变电站相关的体系建设中，数字化变电站检测规范系列是南方电网乃至全国第一套完整的数字化变电站检测规范体系，该系列规范自发布后对数字化变电站的建设起到了巨大作用。不仅提高了数字化变电站测试的效率，也使数字化变电站的测试规范化，防止了数字化变电站测试过程中的盲区，降低了调试单位因测试不全面导致的运行风险。同时，第一次将相关检测规范细化为入网检测和现场检测制定相关规范。翻阅相关规范不难发现以往发布的相关规范侧重于相关设备的入网检测方面，未考虑到现场建设时实施的可行性。入网检测规范细致全面的规范了入网检测过程中的检测项目、检测指标及检测方法，从根源上把控了变电站装置的安全可靠性。现场检测规范针对现场检测过程中的技术条件规范了现场检测的关键性检测项目，并出具相关的现场作业指导书指导现场检测工作，使得现场检测工作具备良好的可行性。

项目成果通过完善的数字化变电站的检测手段，将极大地降低变电站非计划停运的次数，给贵州电网公司带来较高的经济效益，同时也为社会稳定用电需求提供有力的保障。结合变电站每日运行效益，综合计算得出新技术的应用每年能给一座智能变电站带来经济效益约26.2万元。

目前，贵州电网投运的数字化变电站已经超过170座，该系列标准的应用在贵州电网全面实施。标准相关技术已在全国范围推广应用，将覆盖更多的数字化变电站，创造的总价值过亿元。

4.5　声压法测定电力电容器单元的声功率级和指向特性系列国家标准

电力电容器的噪声是影响直流换流站噪声污染排放的一个重要指标，长期以来，国内外对电力电容器的噪声评价量及其测量方法缺乏明确的规定和可操作的方法。无论是电网企业还是电容器生产企业都迫切需要一种科学合理、技术先进、操作方便的电容器单元噪声测量标准。因此，编制具有自主知识产权的声压法测定电力电容器单元声功率级和指向特性的系列标准对超、特高压交、直流输电工程建设和加强环境保护具有重要的意义。

4.5.1　主要特点

本标准在国内外首次通过大量的试验提出了包含测试环境、模拟实际工况的加载电路、加载装置、电容器安装、测量面和测点布置以及测量不确定度在内的采用声压法测试电容器噪声声功率级和指向特性的完整的测定方法。

在本标准的编制过程中，国内外首次发现了电容器在现场负载状况下辐射噪声的谐频性、指向性和多频噪声跳变性三个特性，并首次提出采用桥式加载方法对电容器单元同时施加工频电源和谐频电源，使得被测试的电容器单元能够完全同现场负载状况一样辐射噪声，解决了电容器单元噪声无法测试的问题。

4.5.2　实施应用情况

（1）本标准在南方电网的"溪洛渡±500kV超高压直流输电工程""糯扎渡±800kV特高压直流输电工程""宝安±500kV超高压直流换流站的交流滤波场改造工程"等建设项目的电力电容器招标中得到应用。

（2）本标准在国家电网"昌吉—古泉±1100kV特高压直流输电工程"等建设项目的

电力电容器招标中得到应用。

（3）南方电网双创试验基地、中国电科院电力工业电气设备质量检验测试中心、西安高压电气研究院、桂林电力电容器公司、上海思源电力电容器公司、日新电机（无锡）有限公司、无锡赛晶电力电容器公司、西安 ABB 电力电容器公司、合肥工业大学、西安交通大学电气学院等多家单位已按本标准要求建立了电力电容器噪声实验室和电容器噪声测试系统。

（4）由于本标准的制定，使得电力电容器单元的噪声测试有了一个统一的、科学的、操作性强的规范，不但能够对工程产品的噪声进行测试比较，还能够方便地对电容器单元的噪声开展深入的研究，现已有多个研究单位、大学和生产企业按本标准建立了噪声实验室。标准实施以来，电容器单元的噪声声功率级普遍降低了 20%以上，尤其是在深圳宝安±500kV 超高压直流换流站的交流滤波场改造工程、±800kV 滇西北特高压直流输电工程中采用本标准严格控制了电容器的噪声水平，很好地解决了厂界噪声超标问题。

4.5.3 社会效益与经济效益

本标准颁布实施后，在国内电容器厂家、电网企业等得到了广泛的应用，产生了显著的社会效益和经济效益。

2016 年 3 月，桂林电力电容器有限责任公司依据该标准给出的试验方法建设了电容器噪声实验室，并开展了大量的电容器噪声测试，为该公司研制环境友好型的低噪声电容器提供了有力的技术支持。2016 年 12 月以来，南方电网滇西北—广东±800kV 特高压直流工程建设中采用本标准中给出的试验方法，对新采购的电力电容器单元进行声功率级测试，促使电容器制造商开展降噪措施研究并应用于该工程，电容器单元降噪达 15dB 左右，有效降低了换流站噪声水平，使得东方换流站交流滤波器区域噪声控制满足要求，避免了交流滤波器电容器前期噪声控制不达标而后期进行更换。

2017 年以来，为国内直流输电工程供货的电力电容器在型式试验阶段，均依据该标准方法进行了声功率级测试，保证了现场运行噪声值达标。

2016 年 11 月以来，南方电网超高压公司在±500kV 贵广二回直流工程的宝安换流站噪声治理工程采用了本标准给出的试验方法，对新采购的电容器单元在出厂试验阶段进行了科学准确的声功率级测试，并在测试结果满足设备采购技术协议要求后电容器供应商方可进行电容器生产供货，使电容器运行噪声值达到预期的目标。2017 年 10 月，宝安换流站噪声治理完成后，换流站噪声水平满足控制目标要求，彻底解决了多年来困扰宝安换流站环保验收的问题，产生了显著的社会效益。

本标准为绿色变电站、换流站建设提供了有力的技术支持，在后续交、直流工程建设中具有广阔的应用前景，将进一步产生显著的经济和社会效益。

4.6 高压直流输电控制保护设备技术导则等三项国际标准

南方电网自 2003 年开始特高压直流输电技术研究开发工作，并确定了"自主创新、安全可靠、产学研联合开发"的技术路线。在此背景下，高压直流控制保护、外绝缘、电力需求响应效益评价等关键技术在基础理论、方法、设备等方面取得了跨越式发展。2013 年，IEEE 标准化管理委员会根据南方电网过去在高压直流领域基础理论研究积淀及直流工程成功运行经验，批准由南方电网牵头编制南方电网首批承担 IEEE 系列国际标准。该系列标准主要包括：IEEE Std 1899《高压直流输电控制保护设备技术导则》、IEEE Std 1898《高压直流复合支柱绝缘子标准》、IEEE Std 2030.6《电力用户需求响应效益评价技术导则》。该系列标准为南方电网首批牵头制定的 IEEE 国际标准。

IEEE Std 1899《高压直流输电控制保护设备技术导则》内容涵盖高压直流输电控制保护设备的设备构成、配置要求、功能与性能要求以及试验要求等，在高压直流输电控制保护总体结构方面，规定了高压直流输电控制保护的分层结构以及性能要求。在高压直流输电控制设备方面，规定了高压直流输电控制设备的配置要求、接口要求和功能要求。在高压直流输电保护设备方面，规定了高压直流输电保护设备的配置原则、分区要求和功能要求。在高压直流输电控制保护设备的试验要求方面，规定了高压直流输电控制保护设备的试验体系，并明确了各试验的目的及项目要求。IEEE Std 1899 为高压直流输电控制保护设备提供在设计、制造、试验等方面的基本准则。

IEEE Std 1898《高压直流复合支柱绝缘子标准》涵盖了目前高压直流输电系统采用的瓷心、空心、玻璃钢芯复合支柱绝缘子全部类型。标准梳理了高压直流复合绝缘子使用的环境和系统条件，规定了高压直流复合支柱设计试验、型式试验、例行试验、抽样试验、特殊试验相关试验程序及判定准则。标准涉及高压直流复合支柱绝缘子设计选型、参数等级、检验检测、交接验收、运行维护各个相关环节。可作为工程规划设计、施工建设、生产运行过程中的规范性技术文件。具有十分广阔的应用前景。

IEEE Std 2030.6《电力用户需求响应效益评价技术导则》从实际出发，解决了需求侧管理试点城市建设难题。2013～2015 年期间我国开展了全国电力需求侧管理试点城市建设，佛山作为南方电网范围内的试点城市，总目标要实现 45 万 kW 的高峰电力节约。标准编制聚焦于我国市场化改革过渡阶段综合负荷调控的效果监测与评价方法等内容，通过指导标准的制定，辅助有序用电计划的决策和执行，为电力需求侧管理试点项目的效果审核与评价提供指导。

南方电网首批承担 IEEE 系列国际标准是南方电网首次牵头制定国际性技术标准，技术成果具有国际领先地位，先后获得南方电网科技进步一等奖、电力科技进步一等奖、国家科学技术进步特等奖。

本系列标准内容填补了相关领域的空白，可作为高压、特高压直流输电工程规划、系统研究、工程设计、设备制造、运行检修各个环节的参考性技术规范。标准已推广应用于国内外多条高压、特高压直流工程，取得了明显的经济效益和社会效益，具有十分广泛的应用前景。

本系列标准实现了技术先进性、设计合理性、质量稳定性的协调统一。标准的实施应用全面提升了我国直流输电技术的核心竞争力，确立了我国在直流输电技术、电力需求侧管理方面的国际领先地位，实现了技术和装备走出国门，提高了南方电网在国际电力行业的影响力。

4.6.1　主要特点

高压直流输电具有可快速调节控制、不增加系统短路容量、线路造价低等优点。在广域大范围的资源优化配置方面，特高压直流输电技术已在国内外成功大规模推广应用。南方电网相继建成并成功运行云广、糯扎渡、滇西北三条特高压直流输电系统。特高压直流技术被公认为实施国家"西电东送"战略关键技术。在新能源高效开发利用方面，近年来柔性直流输电技术迅猛发展。南方电网在建的乌东德电站送电广东广西特高压多端直流示范工程建成后将成为世界上容量最大的特高压多端直流输电工程、首个特高压多端混合直流工程、首个特高压柔性直流换流站工程、首个具备架空线路直流故障自清除能力的柔性直流输电工程。

在直流控制保护方面。IEEE Std 1899《高压直流输电控制保护设备技术导则》颁布前，国际尚没有统一的技术标准为直流控制保护设备研究和制造作指导。制定直流控制保护设备技术导则可提高产品实际应用的标准化，并对控制保护设备的技术要求、试验方法等起指导作用，在控制保护设备研究领域和生产制造领域都具有重要意义。基于分析国内外串、并联结构及多端、多回等不同结构的直流输电工程，针对其直流输电控制保护设备的特点展开研究，进一步深入分析系统设计需要、设备制造需要和工程运行要求，提出适用于不同结构直流输电工程控制保护设备的配置要求、性能要求等，构建直流控制保护设备国际标准体系，填补直流控制保护设备在国际标准领域的空白。

在直流外绝缘方面。由于恒定直流电场的吸附作用，直流外绝缘较交流情况下积污情况更为严重。同等电压等级下的直流外绝缘污秽度为交流的2~3倍。直流外绝缘污秽问题一直是影响高压直流输电工程造价、安全运行的主要因素。比如葛上直流工程依据经验数据，曾经出现的外绝缘不满足日益严重的污秽条件，换流站直流设备闪络频繁，被迫在秋冬季节处于400kV以下运行，且运行时间仅50%。在此背景下，具有高憎水性、强机械性能的复合外绝缘技术被广泛应用于高压直流输电系统以应对直流重污秽环境。自2010年以来，国内直流工程换流站外绝缘已基本实现全复合化，同时也在设计选型、参数等级、检验检测、交接验收、运行维护方面缺少统一的标准。在总结相关科研成果及工程建设、运行经验的基础上，为更好支撑直流输电工程建设发展，南方电网提出制定可规范规划建设、设计制造、运行维护各环节的 IEEE Std 1898《高压直流复合支柱绝缘子标准》。

在电力需求响应效益评价方面。需求响应的参与主体分为用户、供方和社会三方。效益评估能够让用户看到参与 DR 实实在在的收益，为电网公司实施 DR 做成本效益分析，为政府层面制订出合理的 DR 项目激励机制提供参考，将外部效益回馈给参与用户和电网公司，从根本上激励项目参与各方的积极性，保证相关主体的可持续发展能力。另外，明确 DR 的减排效益对于引导合理规划与科学投资具有重要意义，这是社会主体重点关注的问题。目前国际上需求响应工作仍处于起步阶段，相关的实施方案、效益评价指标、评价方法标准还处于空白。从 2010 起，南方电网便开展了需求响应的技术研究和标准制定工作。IEEE Std 2030.6《电力用户需求响应效益评价技术导则》的编制对于进一步推动应用需求响应技术，提高需求响应项目效益具有十分重要的意义。

南方电网首批承担 IEEE 系列国际标准的编制及推广应用显著提升了我国直流输电研究水平和装备制造的核心竞争力，在直流输电领域、电力需求侧管理方面实现了中国创造和中国引领，确立了国际领先地位。

4.6.2 实施应用情况

IEEE Std 1899《高压直流输电控制保护设备技术导则》已在国内外直流输电相关的科研机构、设备制造厂、生产运行单位得到广泛应用，南京南瑞继保电气有限公司以及北京四方继保自动化股份有限公司分别应用本标准开展滇西北特高压直流输电工程、云南电网与南方电网主网鲁西背靠背直流异步联网工程控制保护系统设计，研制适应工程运行特点的控制保护系统，并按照标准提出的试验要求开展了出厂试验、功能性及动态性能试验，完整的检测了控制保护系统性能。提出的控制保护整体架构设计与关键控制策略，已成功应用于实际工程，取得了良好的社会经济效益。南方电网及国家电网均借鉴和使用本标准在滇西北特高压直流输电工程、乌东德电站送电广东广西特高压多端直流示范工程、扎鲁特—青州直流工程等直流输电工程中开展直流控制保护设备设计和性能检验，取得明显成效。

IEEE Std 1898《高压直流复合支柱绝缘子标准》可直接应用于高压、特高压常规直流和柔性直流输电系统换流站复合支柱绝缘子的选型、设计、制造、检验。在工程建设设计方面，本标准已成功应用于南方电网滇西北特高压直流输电工程。西南电力设计院、广东省电力设计院利用项目成果，分别完成新松换流站、东方换流站直流复合支柱绝缘子选型、规范书编制等工作。应用情况表明，标准内容完整、可读性好、实用性强。标准的制定对提高换流站外绝缘设计的安全性、经济性、合理性有十分重要的作用。在设备生产制造方面，绝缘子生产企业依据标准规定开展直流绝缘子设计、制造、检验等工作。截至 2016 年，全国范围内复合支柱绝缘子已成功生产 3000 柱以上。除国内工程外，产品已成功打开国际市场，供货巴西美丽山二期直流工程、印度东北联网直流工程。在生产运行方面，本标准应用于滇西北特高压直流输电工程于 2018 年 5 月成功投运，至今稳定运行，标准的应用效果十分显著。

IEEE Std 2030.6《电力用户需求响应效益评价技术导则》在电网公司、售电公司和负荷服务商等企业被推广应用在网级层面，基于标准指导的效益分析与项目评价方法，集成于南方电网营销管理系统的需求侧有序用电管理模块，应用覆盖了网省地各级用户。实现了网省地各级有序用电预警、方案编制、执行统计与评价的功能部署及应用。通过网省地三级动态预警管理体系的构建，并兼顾高峰时段备用电力均衡化与峰谷差加权和最小化目标开展有序用电方案编制，保证不同负荷管理手段的优化配置，增强了方案编制工作的有效性，提升了有序用电管理的精细化水平。在地市级层面，基于标准的评价分析计算方法，通过平台应用实现了负荷管理工作的自动化、智能化与精细化，有效降低劳动强度、科学合理分配负荷、增加客户满意度，提高电力应急保障能力。在需求响应试点工作中，研究所提的评价指标体系、监测与评价方法在前期客户筛选、响应策略和后评价时都发挥了重要作用，为提升客户响应效果、减少对客户的影响，降低响应成本提供了测算依据。随着配售侧市场改革对用户综合调控业务的催化作用增强，本标准研究的成果和方法，能够从项目规划、实施和后评价等方面提供有益指导。

4.6.3 社会效益与经济效益

（1）标准实施产生的经济效益情况。IEEE Std 1899《高压直流输电控制保护设备技术导则》可有效开展直流控制保护设备设计、制造、试验等环节，保障直流输电工程成套设计中控制保护的设计、研发、制造、调试及运行维护等工作，为直流输电工程的顺利投产运行提供技术支撑。以滇西北直流工程举例，2018 年该工程累计输送电量达到 150 亿 kWh（截至 2018 年 10 月）。

IEEE Std 1898《高压直流复合支柱绝缘子标准》可供应用单位开展直流复合绝缘子设计、生产、制造及检验检测相关工作。应用单位应用本标准顺利完成滇西北送电广东特高压直流输电工程、巴西美丽山二期直流工程、印度东北联网直流工程等相关产品供货。仅 2017 年度生产销售复合绝缘子 5063 柱，新增销售额 3543 万元。

IEEE Std 2030.6《电力用户需求响应效益评价技术导则》通过实现电力需求侧管理，可有效避免强制拉闸限电，从而减轻供电局与用电客户的经济损失。以每年平均执行有序用电 50 次计算，强制拉闸每条馈线损失电量估算为 1.5 万 kWh，则损失电费达 2.2 万元（以普通工业用户峰电价计算），通过采用有序用电技术每次能避免对 5 条馈线进行强制拉闸，每年可为全网避免电费损失 2.2 万元×50×5＝550 万元。通过实现电力需求侧管理，可缩小电网峰谷差，降低峰值负荷，减少变电站建设投资。通过实施高效的有序用电平均每年可降低峰值负荷 100 万 kW，相当于建设 10 个 10 万 kW 的中型 110kV 变电站，而即使仅考虑变电站的征地、建设成本一般也不低于 20000 万元，按照这个数字估算，每年通过实施有序用电可减少变电站投资 20000 万元/20＝1000 万元。

综上所述，南方电网首批承担 IEEE 系列国际标准的推广应用具有十分显著的经济效益。

（2）标准实施产生的社会效益情况。IEEE Std 1899《高压直流输电控制保护设备技术导则》填补了国外标准在直流控制保护设备领域的空白，构建了完整的标准体系，引领了直流控制保护设备技术的创新和发展。依据本标准设计、制造的控制保护设备在直流输电工程中应用后，运行情况良好，提高了系统运行的可靠性与稳定性，保证了国家"西电东送"战略的顺利实施，有助于实现节能减排和改善能源结构的国家政策，保障了经济社会发展和国计民生的需求。

IEEE Std 1898《高压直流复合支柱绝缘子标准》在产业结构调整优化方面，本标准的实施推动了高压直流换流站外绝缘的全面复合化，使得环境污秽度不再成为直流工程选址、选站的关键限制因素，在地理上扩大了直流输电技术的应用范围。复合外绝缘由 20 年前不足 1%的应用比例，发展到目前预计超过 40%的比例。预计到 2020 年，复合绝缘子将成为变电站外绝缘的主流选择，复合绝缘子快速替代传统陶瓷产品。本标准的编制和实施，建立了直流复合绝缘子质量、性能、技术参数的国际标准体系，掌握了国际话语权，提升了国际竞争力。如今 ABB、西门子等全球主要电力供货商全面采用国内生产的复合绝缘子。

IEEE Std 2030.6《电力用户需求响应效益评价技术导则》通过有序用电平台建设有效提升了有序用电方案制定、监控和执行的公平、公正和公开性，使客户能够更加清晰的了解地区用电形势、积极参与有序用电，减少了因为强制执行而引起的不必要冲突或投诉，提升了客户满意度。有序用电方案编制中，充分考虑企业的耗能和效益情况，做到有保有限，促使企业思考自身发展线路，采用新技术或引进新设备来降低能耗。通过逐步淘汰高耗能企业实现节能减排。通过有效降低峰值负荷需求，电力用户主动节能降耗，电厂建设投资减少，电网运行的经济性、可靠性得到改善，减少能源和资源消耗。

综上所述，南网科研院主持的 IEEE 系列国际标准的推广应用具有十分显著的社会效益，对国家能源安全保障、经济社会低碳发展和"一带一路"战略实施等都具有特别重大意义。

4.7 输配电线路防风抗灾系列标准

近年来，南方电网按照需求分析、编制标准、推广试用、总结经验、反复修编的方式，以《设计基本风速分布图》作为指导，《输电线路防风设计技术规范》与《配电线路防风设计技术规范》作为设计要求，《输电线路防风工作导则》《配电线路防风工作导则》和《配电设施防风加固技术措施》等作为策略，《环型混凝土电杆技术规范》等技术规范书作为电网建设物资要求，建立了沿海电网防风技术标准体系，供沿海各单位在实施电网防风工作的过程中参考执行。该技术标准体系首次系统提出了输配电线路防风加固原则、加固技术措施、防风设计标准，规范了线路杆塔防风技术参数，涵盖了主配网规划、设计、建设、运维、改造、抢修等各方面内容，全面覆盖了配电网资产全生命周期管理所有环节。

南方电网管辖范围内，广东、海南、广西濒临南海，迎风面海岸线超过 2000 千米，常年遭受太平洋和南海台风的侵袭，台风气候近几年越发频繁。为有效指导南方电网防风抗灾工作，提高电网设备设施的防风能力，降低设备受损比例和灾后修复成本，提高供电可靠性，南方电网和南网科研院自 2013 年开始总结历次防风工作经验，分析设备受损原因，建立了包含 12 项系列标准的沿海电网防风技术标准体系，具体内容及意义如下：

（1）风速分布图。收集了南方区域内 69 个国家气象站、837 个自动气象站、11 个海洋站、90 个测风塔的 30 年以上的气象数据，分析沿海地区各气象站点理论计算风速，结合对沿海地区热带气旋的特征分析，并根据该地区已建线路基本风速的空间分布规律及历年的电网风灾事故分析结果进行校正，选择合适的空间插值法绘制《南方电网沿海地区设计基本风速分布图》，包括南方电网沿海 30 年一遇、50 年一遇及 100 年一遇基本风速分布图，实现不同重要性、不同电压等级主配网线路风速取值全覆盖，有效指导沿海强风区输配电线路的规划、设计、建设、运维、改造及应急抢修。

（2）防风设计技术规范。在调研分析南方电网沿海地区台风登陆特征及对配电线路影响的基础上，编制了国内首部《输电线路防风设计技术规范》与《配电线路防风设计技术规范》，技术规范充分考虑了南方电网沿海地域特点，细化国标设计规程，明确防风技术措施，从风速取值、路径选择、线型选取、绝缘子和金具、杆塔荷载和材料、杆塔结构、基础等方面提出了具体的要求，同时依据《南方电网沿海地区设计基本风速分布图》提出了差异化设防要求，提升了输配电线路防风能力。

（3）防风工作导则。为规范、高效、有序开展电力线路防风防汛工作，提升线路抗台风能力，减少故障和经济损失，在分析调研台风对输电线路影响的基础上，结合南方电网防风防汛工作实际，编制了《输电线路防风工作导则》与《配电线路防风工作导则》，导则从规划设计、施工验收等方面对新建线路提出了防风抗风能力建设要求，从防风能力校核、防风薄弱区段排查、防风防汛运维策略、灾后应急抢修等方面对在运线路明确了工作要求。按照导则要求，各单位全面掌握输电线路防风防汛薄弱点、隐患点，采取有效措施，保障输电线路运行安全。

（4）防风加固导则。《配电设施防风工作导则》明确了 10kV 及以下架空线路防风的指导思想、各级单位职责及工作要求，从电网规划、选型设计、物资采购、建设施工和运行维护五个环节全方位制定了防风工作要点，提高沿海区域配电网的整体抗风能力。

《配电设施防风加固技术措施》制定了直线电杆安装防风拉线、加固电杆基础、增设杆塔减少耐张段长度、缩短直线大档距长度、更换高强度电杆和聚氨酯材料电杆等综合加固措施，并从效果、难易度和造价三个维度对综合措施进行分析评价，针对不同地形地质条件给出加固措施的适应范围，提高配电设施的防风能力。

《低压配电线路防风工作导则及技术措施》针对 0.4kV（及以下）配网线路，提出重点加固对象，线路防串倒校核标准和加固措施、线路防倒断杆校核标准和加固措施。制定了详细的普通拉盘埋深选择表，直线杆卡盘设置表，无拉线时耐张杆、转角杆、终端杆电杆选型表和加固基础图，用于指导防风工作。该导则兼顾了低压配电网安全可靠运行与防风工作的经济性，可支撑提高低压配电网抗风能力水平、降低台风影响下的客户停电时间。

（5）电杆技术规范。《20kV 及以下环型混凝土电杆技术规范（通用部分）》《20kV 及以下高强度电杆技术规范（专用部分）》和《20kV 及以下（部分）预应力电杆技术规范（专用部分）》规范了电杆本体及附属配件的功能设计、结构、性能、安装和试验等方面的技术要求，明确要求最大设计风速应满足《南方电网沿海地区设计基本风速分布图》，同时细化电杆钢筋配筋数量、型号等技术参数，与国标相比，在同一设计风速下杆塔结构得到加强，提升了杆塔抗风能力。上述技术规范精简、优化了电杆的品类型号，提升物资管理标准化水平，提高配网工程质量和抢修效率。

4.7.1 主要特点

（1）构建了输配电线路防风技术标准体系。首次提出了包括设计基本风速分布图、输配电线路防风设计标准、输配电防风工作导则、配电线路防风加固原则及技术措施在内的系列技术标准，规范了线路杆塔防风技术参数，覆盖资产全生命周期管理所有环节。

（2）以气象大数据分析为依据开展防风工作。编制的《南方电网沿海地区设计基本风速分布图》给出南方电网沿海地区 30 年、50 年、100 年一遇设计基本风速，提供了防风工作开展的气象依据，有效指导了沿海地区输配电线路的设计、改造工作。

（3）根据地域特点有针对性提出输配电线路防风设计要求。编制了国内首套《输电线路防风设计技术规范》与《配电线路防风设计技术规范》，指导南方电网沿海强风区域架空线路的设计、改造和运维等工作，有效提升输配电线路抵御台风的能力。

（4）开创了全生命周期合力开展防风的新时代。20kV及以下电网装备技术导则、配电设施防风工作导则、中低压配电设施防风加固技术措施等文件，有效提升了中低压配电网设施防风抗灾水平。

4.7.2 实施应用情况

广东电网、海南电网、广西电网等沿海地区电网的新建线路严格执行防风设计规范，并按照加固原则对在运的线路进行防风加固，输配电线路设备抵御台风灾害的能力逐年提升，遭受台风时的受损程度得以大大下降，同时减少了抢修工程量以及复电所需时间，有效降低了台风灾害对正常生活和生产造成的影响，产生了极大的社会经济效益，对日益受到重视的电力行业防风抗灾工作起到了积极的推动作用，该标准体系所确立的基本原则和主要方法，适用于台风频发的沿海地区电网，可因地制宜地推广至南方电网范围以外的其他沿海地区供电企业的防风抗灾工作中。该标准体系近年来显现出的应用成效总体如下：

（1）构建了适用范围广、实用性强的输配网防风标准体系。通过筛选设计风速不达标的防风薄弱点，综合考虑风速分布、网架结构和负荷等级，制定出适合南方电网区域的《设计基本风速分布图》，比国家标准的设计风速普遍提升了2~4m/s。2016年台风"海马"与2013年台风"天兔"路径相似，量级、风速相当，"天兔"造成110kV及以上杆塔受损10基，"海马"未造成主网设备受损；"天兔"造成10kV倒断/倾斜杆15635根，而"海马"造成10kV倒断杆/倾斜仅577根，对电网设施损坏程度同比下降96%，加固后的电杆均未发生倒、断（仅14根电杆因外物砸压导致倾斜），防风加固工程成效明显，用户全面复电时间大大缩短。

（2）提高了主配网设备抗风能力。通过采用防风设计技术规范、设备技术规范并按要求落实加固措施，提高了主配网设备抗风能力，加固后的输配电杆塔抗风能力基本超过35m/s要求。湛江电网在"彩虹"台风中，按照技术规范设计或改造的线路，杆塔均未出现受损情况，按照79规程与99规程设计的杆塔受损达80基；在"彩虹"10级风圈中，未加固的10kV电杆共有6132根受损，受损比例为7.40%，已加固的10kV电杆共有785根受损，受损比例仅为1.12%，加固后的线路受损比例明显低于未加固的线路。

（3）有效支撑电网企业承担保民生的社会责任。近年来，经历"威马逊""彩虹""天鸽""山竹"等强台风或超强台风考验，主配网在台风中受损率大大逐渐减小，防风技术体系经受住多次台风的考验，抢修复电时间大大缩短，有效降低了国民生活生产受强台风的影响，同等级台风下，加固后的输配电线路及杆塔受损率大大降低，停电时间大大减少，从装备基础上支撑了电网企业承担防大灾、保民生的社会责任。

4.7.3　社会效益和经济效益

（1）标准实施产生的社会效益情况。通过本标准体系的应用，从风速分布图、线路设计规范、防风工作导则、电杆设计规范、防风加固导则等方面有效指导了沿海地区电网的防风抗灾工作，产生重大的综合社会效益，主要体现在：

1）提高了电力行业的防风抗灾水平，从电力设备的设计、建设以及后期维护入手提高了防风抗灾能力，推动了行业技术的发展；

2）降低台风期间的停电时间和提高供电可靠性，保障优质电力供应，满足人民生产生活电力需求，支持各级地方政府抗灾救灾，避免因大停电事故带来不良社会影响；

3）以广东湛江、汕尾、珠海，广西北海、防城港、钦州，海南海口、临高等沿海城市为例，2016～2018 年总共减少台风期间停电 75742 万 kWh，按照各年度当地的单位GDP 电量损耗折算，相当于减少 GDP 损失约 45 亿元。

（2）标准实施产生的经济效益情况。以广东湛江、汕尾、珠海，广西北海、防城港、钦州，海南海口、临高等沿海城市为例，2016～2018 年历次台风期间：

1）减少停电量（相当于增加了售电量）75742 万 kWh。

2）有效降低了输配线路上受损杆塔数量以及受损导线公里数，减少了电力抢修费用（含物资、运输、人工等费用）。

4.8　一体化电网运行智能系统技术规范系列标准

本系列标准属于电力系统及其二次系统领域，研究提出了"开放共享，统一服务，源端维护，综合驾驶"的电力二次系统一体化的完整解决方案，通过长期研究与工程实践建成了具有"一体化、模块化、智能化"特征的 OS2 系统，在电力二次一体化体系架构、服务化统一平台、集成智能装置、电网运行驾驶舱、工程建设等方面实现创新与突破。该系列标准可有效指导各级电网主站和厂站的建设，并已广泛应用于国内外工程中，整体提升了电网二次装备技术水平和支撑能力。

4.8.1　主要特点

本项目研究成果：①提出电力二次一体化体系架构，为构建 OS2 系统，实现电力系统发输配用各环节、网省地及厂站多层级多专业信息融合、资源共享、动态扩展奠定了基础；②提出集成虚拟化资源、平台服务族、全景建模运行数据中心、运行服务总线等的全服务化统一平台，实现了数据、画面、应用服务的贯通与共享；③研发分布式多插件和高速背板总线架构、多业务协同的智能远动机，实现了厂站端设备集成的纵向一体化业务整合与智能互动；④提出电网实时多维 KPI 体系和运行驾驶舱技术，构建了基于 KPI 监视、多主题电网全景展示、"一站式"集中操控台的人工驾驶环境，以及基于多时序多目标自动控制的自动驾驶环境。

自主知识产权情况：基于本系列标准取得了一批自主知识产权，包括已授权发明专利 62 项、实用新型专利 1 项、软著 9 项，发表论文 57 篇，完成国标 1 项，参与完成国标 5 项，完成行标 1 项，参与完成行标 14 项，完成企标 76 项。

4.8.2 实施应用情况

本系列标准围绕二次一体化架构、服务化平台、集成智能装置、运行驾驶舱四个方面开展研究，推动了电力二次系统一体化、模块化、智能化建设。本项目于 2010 年启动研究，2014 年完成攻关和试点，2015 年在全网全面推广建设。

试点运行方面：2012 年部署开展了 26 项试点，覆盖了主站、厂站和通信，2013 年又增加了 10 项厂站端智能装置试点。其中，OS2 主站系统（含服务化平台、OCS、OMS 部分）在云南中调、广西中调、南宁地调、东莞供电局等地进行试点，运行驾驶舱在南网总调、云南和深圳中调进行试点，运行数据中心在南网总调、广东中调进行试点，智能远动机在水贝等 4 个 220kV 变电站、尖峰等 8 个 110kV 变电站进行试点，一体化测控装置在湾塘等 6 个 220kV 变电站、望牛墩站等 8 个 110kV 变电站进行试点。OS2 主站、厂站各项关键技术通过试点，其可行性得到充分验证，形成了完整的二次一体化标准体系，新技术成果和标准得到了国内主流厂家的支持，通过研发和测试，培育了一批具备资质的产品，完成了挂网试运行。

推广运行方面：从 2015 年印发南方电网二次系统十三五规划、OS2 推广总体方案后，截至 2017 年，OS2 系统已在各级主站和厂站推广。其中，主站系统在南网总调、广东等 4 个中调、贵阳等 13 个地调建成投运；运行驾驶舱在南网总调、云南中调等 6 个单位建成投运；智能远动机在全网 115 座变电站安装投运。

4.8.3 社会效益和经济效益

（1）OS2 主站端采用地县一体化模式按需建设，在总调、7 个中调和 63 个地调推广，比传统建设模式节约了投资。厂站端智能远动机整合五项业务，在 155 座变电站推广。

（2）通过推广 OS2 建设模式，在电网规模扩大、业务量增加的情况下人员减少 704 人。

（3）智能应用效益：①通过三级协调自动电压控制，110kV 及以上网损率平均下降 0.15%，每年节约 67500 万元；容抗器等无功补偿设备的动作次数降低 10%，每年节约投资 1402 万元；动态无功裕度提高 20%，每年节约无功补偿装置投资 700 万元。②考虑潮流转移比动态控制断面，提高每个断面输送能力约 0.54 亿 kWh，24 个断面每年节约 26280 万元。③通过可协调区域有功自动控制，每年增加云南清洁能源送出 2.2 亿 kWh。④按每年 300 次故障处理计算，利用驾驶舱处置比原来节省 15～30min，每年减少停电损失约 2853 万元。

4.9 电力系统安全稳定分析与控制系列标准

本系列标准属于电力系统安全稳定分析与控制领域，通过深入研究大电网安全稳定主要问题和稳定控制措施，结合国内外安全稳定控制技术发展趋势，制定了包括国标、行标和企标等一系列技术标准，提出了电力系统安全稳定计算方法、控制目标、控制原则、设防标准、应用条件、检验规范、现场试验、运行维护等方面的技术原则要求，对电力系统安全稳定控制所涉及的规划设计、科研制造、涉网试验、生产运行等方面提供了指导原则。

南方电网西电东送主网架"交直流混联运行、强直弱交、远距离大容量输电、多回直流集中馈入"，跨越地域广、地理、气候等运行环境复杂，系统安全稳定运行面临诸多挑战，系统安全稳定运行以及西电东送顺利实施严重依赖于安全稳定分析与控制技术、网源协调控制技术。

安全稳定分析方面，行业强制性标准 DL 755《电力系统安全稳定导则》规定了电网规划运行必须达到的安全标准，以及应开展的安全稳定计算内容，但该标准在安全稳定计算方面的规定不明确和细化，且不能涵盖交直流复杂大电网的各类安全稳定问题，造成不同单位、不同人员在进行安全稳定计算时，内容深度参差不齐，分析模型、判据缺乏遵循，稳定分析结果不一致且存在安全隐患。本标准针对这一问题，对南方电网安全稳定计算分析工作进行详细和明确的规定。

安全稳定控制方面，2008 年前，由于国内安全稳定控制技术不规范、缺乏统一的检验标准，导致安稳设计存在缺陷、检验不充分，运行中安稳装置不正确动作频繁发生，给系统安全稳定运行带来了较大的隐患，迫切需要制定全国统一的安全稳定分析与控制技术标准，规范和指导安全稳定系统的规划、设计、制造、试验、建设和运行等工作。

网源协调方面，电厂涉网控制系统涉及面广，需要多个专业、多个环节协调配合，控制复杂，电厂侧在设备配置、厂网协调、运行维护等方面暴露出诸多问题，包括：①电厂设备技术性能不满足要求导致系统频率、电压异常工况下无序跳闸扩大电网事故影响范围；②机组涉网控制系统原因引发功率强迫振荡或区域弱阻尼振荡；③机组模型或参数辨识不准确影响系统仿真分析准确性等，这些都严重威胁电网安全稳定运行甚至可能引发大面积停电事故。

为此，南方电网牵头组织开展安全稳定分析与控制技术、网源协调标准研究工作，2008～2012 年先后颁布了 GB/T 22384—2008《电力系统安全稳定控制系统检验规范》、GB/T 26399—2011《电力系统安全稳定控制技术导则》、DL/T 1092—2008《电力系统安全稳定控制系统通用技术条件》、Q/CSG 110001—2012《南方电网安全稳定控制系统技术规范》、Q/CSG 11004—2009《南方电网安全稳定计算分析导则》、Q/CSG 114001—2012《南方电网安全自动装置检验规范》、Q/CSG 110006—2011《南方电网电力系统稳定器（PSS）整定试验导则》、Q/CSG 114002—2011《南方电网电力系统稳定器（PSS）技术条件》、Q/CSG 1204006—2015《南方电网机网协调二次系统技术规范》、Q/CSG 1206002—2015《同步发电机原动机及调节系统参数测试与建模导则》、Q/CSG 1203052—2018《南方电网相量测量装置（PMU）技术规范》等 11 项国家、行业和企业标准，系列标准规范了电网安全稳定控制系统规划、设计、制造、试验、建设和运行等指导原则，标准的实施不仅保障了系统的安全稳定运行，避免了发生大面积停电等重特大电力安全事故的风险，而且有效提高了南方电网和国家电网西电东送通道能力及主网安全稳定水平，为国家西电东送战略实施提供了重要支撑，经济和社会效益显著，项目成果极具借鉴意义。其中，《电力系统安全稳定控制技术导则》已翻译成英文版本，受到国内外电力系统安全稳定控制领域专家的广泛关注。

4.9.1 主要特点

（1）首次规范定义了电网安全稳定三道防线定义，提出了三道防线设防标准，有效指导了国内三道防线建设和运行，近十年来国内电网未发生大面积停电事故很大程度上应归功于合理的三道防线建设与运行。

（2）基于该系列标准，深入研究直流故障期间闭锁信号和换流变电气量的时序关系，提出了基于闭锁信号和换流变电气量的直流故障判别技术，成功应用于南方电网和国家电网直流稳控系统，实现了直流故障的快速、可靠、准确判别。

（3）解决了多站点复杂稳控系统的动态整组测试问题。针对常规单站测试存在的缺陷，发展了基于故障场景的稳控系统动态整组测试技术；应用该技术，利用仿真结果或现场录波数据，形成各个站点的事故回放数据，输入稳控系统进行测试，实现了多站点真实再现系统事故的动态闭环过程。

（4）结合多年交直流复杂大电网区域稳控系统的运行实际经验，总结发展了一整套完备的大电网稳定控制防误技术。一是首次提出了稳控系统的防误判据设置原则，包括远方防误、就地防误、防误时序配合等一系列原则；二是深入研究"双套独立"和"主辅运行"工作模式的优缺点，提出工作模式的应用原则；三是提出了远方传送命令采用多帧确认的防误技术，解决了通信通道误码产生误动的问题。

（5）计算分析标准编制过程中，广泛参考了国内外相关文献和标准，收集整理了网内外 500kV 线路故障切除时间的统计资料，调阅了较为典型的低频振荡事故记录和 PMU 扰动曲线，利用南方电网规划和运行数据开展了不同稳定计算标准下的仿真计算分析，并紧密结合南方电网实际，提出了南方电网稳定计算标准中故障切除时间、动态稳定阻尼比、输电断面极限裕度的建议参数。

（6）网源协调技术标准方面有如下先进研究成果：首次提出了水轮机组考虑接力器分段关闭特性的调节系统执行机构模型、防范机组功率振荡的运行控制要求以及电厂 PMU 装置主要测量电气量的接入方案；提出南方电网涉网控制系统配置原则、技术条件，为并网电厂的设备选型提供依据；提出发电厂机组调速系统建模和现场参数辨识试验导则，为现场试验提供重要依据；提出发电厂机组电力系统稳定器建模、现场参数辨识及整定技术方案，为现场试验提供重要依据。

4.9.2 实施应用情况

（1）计算分析标准应用于南方电网电网规划、工程设计、系统运行、试验、科研等领域。应用单位包括：南网总调、五省区中调、广州中调、深圳中调、网内各地调；南方电网计划部，各省地计划部，各省规划中心；南网科研院，各省电科院；参与南方电网科研、试验工作的外协单位。标准为各级电网运行方式、调度运行方案（预案）、电网规划报告、电力系统设计方案、电力工程可行性报告等规划、运行文档的编制依据。

（2）安全稳定控制系列标准已经应用于 2009～2018 年南方电网主网和各省区电网稳控系统、第三道防线以及网源协调的改造和建设，有效指导了电力系统安全稳定控制所涉及的规划设计、科研制造、涉网试验、生产运行等工作则，保障了系统的安全稳定运行。依托项目成果，建成了覆盖世界上最复杂交直流并联电网的稳控体系，并保障了南方电网安全可靠运行近 10 年时间。

（3）网源协调系列标准于 2012 年正式颁布以来，并在南方电网并网电厂、各级调度机构及试验单位应用，是网源协调工作中的核心技术规范，有效指导电厂设备选型、设计制造、现场试验和并网运行管理等工作，有效促进了南方电网网源协调技术水平，为保障电网安全稳定运行奠定了坚实基础。

4.9.3 社会效益与经济效益

1. 标准实施产生的社会效益情况

（1）安全稳定控制相关标准的实施有效提高了南方电网西电东送通道能力、减少了机组非计划停运时间，经济效益显著。①若稳控系统因设计不规范导致无法正常投入，直流降功率至双极闭锁切机动作门槛值以下运行，导致弃水电量增加：造成高肇直流

（1900MW）、兴安直流（1600MW）、楚穗直流（1600MW）、普侨直流（1600MW）、牛从直流（1600MW）、永富直流（1600MW）、金中直流（1600MW）、鲁西直流停运（1600MW），延迟投入时间平均按照 24h 计算，则损失电量（31600－13100）×1000×24＝444000000kWh。②严重故障情况下若因策略设计存在缺陷导致稳控系统拒动，将引发电网连锁反应，失去稳定，电网解列，损失大量负荷，导致重特大电力安全事故：若两广断面解列，广东切负荷量约占 45%，2017 年广东统调负荷平均 66382MW，停运时间按照 24h 计算，则损失电量 66382×0.45×1000×24＝716925600kWh。

（2）通过《南方电网安全稳定计算分析导则》实施，可明显提升电网安全稳定分析结论的准确性，减少计算分析过程中的不确定因素，提高稳定极限准确度。经济效益难以准确量化，试分析如下：①考虑通过本标准实施，稳定断面极限准确度平均提升 1%，其中 50% 的稳定断面为偏保守的情况，50% 的稳定断面为偏乐观的情况，即实施本标准后，有 50% 的稳定断面极限能力提升了 1%。②按本标准颁布 10 年来电网年均发受电量 7500 亿 kWh，其中有 10% 的电量存在网络约束，则通过本标准实施 10 年以来，增加的供电量为：10（年）×7500（亿 kWh）×10%（存在网络约束的比例）×1%（断面能力提高）×50%（能力提升的断面数量）＝37.5（亿 kWh）。

（3）网源协调相关标准实施产生的经济效益：按 2012～2018 年标准执行六年计算，有效减少了机组非计划停运时间，防范了区域弱联系功率振荡，经济效益仅考虑减少机组非计划停运带来的经济效益，按网内 100MW 以上机组 490 台计算，每年非计划停运24h，则累计减少损失电量约 293.8 亿 kWh，参考 0.45 元/kWh 电价，则总计减少损失量约为 132.2 亿元。

2．标准实施产生的社会效益情况

（1）通过实施《南方电网安全稳定计算分析导则》标准，提高稳定计算准确性，消除由于计算分析不全面、不准确而带来的电网安全隐患。比如，本标准规定了动态稳定判据，实施以来，南方电网管理范围内电网未发生弱阻尼低频振荡，保证了电网安全和大量中小水电的安全平稳外送，社会效益显著。

（2）安全稳定控制技术系列标准的实施，不仅保障了系统的安全稳定运行，避免了发生大面积停电等重特大电力安全事故的风险，而且缓解了南方电网水电弃水压力，对于建设绿色电网及全社会节能减排均起到良好的作用，同时为国家西电东送战略实施提供了重要支撑，社会效益显著。

（3）南方电网网源协调工作有序开展，是电力系统安全稳定分析和控制的基础，有效保障了南方电网安全稳定运行，南方电网未发生电网稳定破坏事故，未发生大面积停电事故，未发生一般及以上电力安全事故；同时，保障了电厂安全送电，提升了电厂送电能力，取得了良好的社会效益。

4.10　电力设备检修试验规程

近年来，南方电网以问题和目标为导向，按照查找问题、原因分析、制定措施、编制标准、推广试用、总结经验、反复修编的方式，编制了《电力设备检修规程》；2017年为方便现场使用，将《设备预防性试验规程》和《设备检修规程》合编为《电力设备检修试验规程》，建立并完善了设备规范化检修技术标准体系。该标准体系在国内外电网企业中首次系统的提出了电力设备检修的原则、检修策略的制定和执行标准，以及涵盖电力变压器及电抗器、互感器、开关设备、1kV 以上架空电力线路、串补装置、旋转电机等 14 大类发输变设备的维护检修、预防性试验的项目和周期、标准。所规定的各项试验和检修标准，是电力设备技术监督工作的基本要求，是电力设备全过程管理工作的重要组成部分。

（1）明确了电力设备检修的原则。本标准明确预试检修工作应以发现、消除隐患和缺陷为重点，恢复设备性能和延长设备使用寿命为目标，坚持"应试必试、试必试全，应修必修、修必修好"的原则，在充分开展综合状态评价的基础上，合理制定检修策略，实现由周期性检修逐步向状态检修过渡的目标。避免了周期性检修带来的过维护和欠维护。同时，以充分开展综合状态评价为前提制定检修策略，避免了以往部门单位以状态检修之名，行少检修或不检修之实。

（2）明确了检修策略的制定和执行标准。本标准明确"应试必试、应修必修"的"应"就是指要通过综合状态评价，全面准确的掌握设备的健康状态，根据设备状态评价的结果合理制定检修策略，明确设备检修试验的周期及项目，最终形成可执行的检修计划。检修策略的制定是在确定检修试验需求的基础上，根据设备运行的状态，确定每台设备检修试验的周期及项目，即明确每台设备何时修，如何修的过程。按照设备状态评价、梳理检修需求、确定检修策略、实施检修策略对的步骤进行。一是当设备综合状态评价为"严重状态"时，根据状态评价的结果，以问题为导向，确定检修试验类型、内容及方案，尽快安排检修试验工作。实施前应加强设备巡视和监视。二是当设备综合状态评价为"异常状态"时，应根据状态评价结果，以问题为导向，确定检修试验类型、内容及方案，适时安排检修试验工作。实施前应加强设备巡视和监视。三是当设备综合状态评价为"注意状态"时，应首先考虑加强设备巡视和监视，检修试验周期不得超过基准周期。四是当设备综合状态评价为"正常状态"时，其 A、B1 修项目可酌情延长，每次延期最长不能超过 3 年，延期不超过 2 次，累积延期最长不超过 6 年。经统计，系统设备状态评价结果为"严重状态""异常状态"的设备不足 1%，"正常状态"的设备超过 96%。通过对不足 1%的"严重状态""异常状态"设备缩短检修周期、增加检修试验项目，及时消除设备缺陷、隐患，恢复设备性能，能有效保障设备安全稳定运行，避免恶化造成事故事件。通过延长超过96%的"正常状态"设备检修周期，能有效解决过维护的问题，节省大量的检修资源，投入到对高风险设备的管控中，提高检修质量和效率、效益。

（3）明确了等14大类发输变设备的维护检修、预试项目和周期、标准。本标准规定了14大类电力设备预防性试验及检修的项目、周期和要求，实现了主要发输变设备的全覆盖。所列的标准用以判断设备是否符合运行条件以及指导运维人员开展设备的维护、检修、试验工作。一是依据相关国家及行业标准，综合不同厂家的要求进行编制；将散见于各种标准、规程、说明书的要求，统筹形成一本标准，将相同类别设备的维护检修要求进行了统一，解决了南方电网范围内各类设备检修维护要求差异较大、基层不便于执行的问题。二是对必要时的检修策略进行了细化确定。必要时检修策略指的是《电力设备检修试验规程》中规定的检修试验周期不固定（包括A修、B1修、B2修、C1修及C2修），一般要求为"必要时"开展，即要求当达到"必要时"的触发条件时，应立即开展相关检修试验项目；本标准对各类设备不同检修试验项目要求的"必要时"均进行了解释，减少了基层单位执行偏差。三是本标准规定的期综合国家、行业标准及各主流厂家的检修要求制定，考虑到南方电网检修力量及设备维护检修经验，部分检修项目周期甚至比行标要求更为宽松。将B修和预防性试验周期相统一：一是明确在试验检修周期的安排上应尽量将同间隔设备调整为相同周期，需停电取油样或气样的化学试验周期调整到与电气试验周期相同；通过一次停电尽可能多的开展设备停电检修试验工作，提高设备运行可靠性。二是明确对于新投运的设备，在投运后一年内及时进行首次预防性试验和机构检查，可以及早获取设备运行后的重要状态信息；预防性试验和检修周期在首检完成后开始计算。三是对于存量设备，明确B类检修一般要求结合预防性试验停电工作开展，其检修周期一般与预防性试验停电周期相同或者为其整数倍。实现了B类检修和预防性试验周期的统一，减少了重复停电。

（4）明确了职责落地。本标准首次在每个项目中明确了负责的专业，负责专业按南方电网专业技能的基础大类分为"运行、检修、继保、试验"四类。如果某项目有多个负责专业建议的，则一律同时汇总收录，确保标准落地。

4.10.1 主要特点

（1）建立并完善了设备规范化检修技术标准体系。在国内外电网企业中首次系统地提出了电力设备检修的原则、检修策略的制定和执行标准，以及涵盖电力变压器及电抗器、互感器、开关设备、1kV以上架空电力线路、串补装置、旋转电机等14大类发输变设备的维护检修、预防性试验的项目和周期、标准。

（2）首次提出了综合状态评价的概念。状态评价是设备检修工作开展的基础，以往的设备状态评价按照南方电网相关评价导则对设备健康状态进行扣分式评估，由于未充分对设备的各种信息数据包括在线监测数据、离线数据、运行工况、全生命周期成本等进行大数据分析，评价效果不满足公司要求。本标准提出将状态评价分为基准状态评价和综合状态评价，要求专业人员结合基准状态评价与巡视检查信息、在线监测数据、离线试验数据、故障风险、全生命周期成本等数据，全面准确的对设备的健康状态进行综合评估，提高了设备状态评价的准确性和全面性，为后续正确制定运维、检修、试验策略奠定了基础。

（3）根据设备健康状态采取不同的检修维护策略，逐步向状态检修过渡。对"严重状态""异常状态"设备缩短检修周期、增加检修试验项目；对"正常状态"设备酌情延长检修周期。有利于将大量的检修人员从低风险设备的维护检修中解放出来，集中到对高风险设备的管控，解决欠维护和过维护的问题，实现精益检修。

（4）体现了设备状态检修的思维。设备状态检修是目前最先进的检修模式之一，本标准编制的时候，就充分考虑了状态检修的要求，如 A 类检修项目，其周期基本为必要时，即通过状态评价评估后依据设备健康状态开展。

（5）统一了周期要求。在试验检修周期的安排上应尽量将同间隔设备调整为相同周期，需停电取油样或气样的化学试验周期调整到与电气试验周期相同，B 类检修一般要求结合预防性试验停电工作开展，通过一次停电尽可能多的开展设备停电检修试验工作，提高设备运行可靠性，减少对用户供电的影响。

（6）开发移动 App，方便了实际应用。为便于基层按专业进行使用，开发上线了便于基层下载使用的"检修试验规程查询手机 App 软件"，可以实现按设备类型、负责专业、检修类别等维度的查询功能。同时，将新版检修试验规程与 4A 系统平台相结合，使员工能在查询工作任务的同时了解到工作任务所涉及的相关规程要求。

4.10.2　实施应用情况

近年来，南方电网践行设备全生命周期管理理念，提出了立足当前，抓好存量设备健康管理；着眼长远，做好增量设备质量管控，实现全生命周期风险、效能、成本综合最优的设备管理思路。而提升存量设备健康水平主要采取设备规范化检修和差异化运维策略，《电力设备检修试验规程》就是执行设备规范化检修的标准和依据。同时，本标准将检修分为 A 修、B 修、C 修，C 修明确了设备传统意义上运维的要求。

目前，南方电网生技部牵头管理的发、输、变、配等生产设备类资产原值占南方电网固定资产原值比例的 87%；其中所有的发电、输电、变电设备强制执行《电力设备检修试验规程》，配电设备参照执行。《电力设备检修试验规程》从颁布之日起，已在南方电网系统各单位的设备中广泛执行、应用。在生产设备领域和网、省、地、县以及班组各层级得到广泛、深度的应用。

4.10.3 社会效益和经济效益

从 2014 年南方电网颁布《电力设备检修规程》以及 2017 年颁布《电力设备检修试验规程》以来，仅在变电设备管理领域，各单位按照三年检修规划，抓好年度检修计划落实，累计完成 10.6 万台 110kV 及以上主要变电设备的检修工作，通过检修发现和消除了 7 万余项重大紧急缺陷；消除了 39376 台"三未"设备的隐患。同时，以问题为导向，开展设备隐患专项整治，包括开展变压器套管专项整治，排查处理了 631 支套管隐患；开展变压器抗短路能力加固，完成了 92 台老旧变压器的加固工作；开展气体继电器误动整治，从气体继电器入网检测、选型优化、规范运维及检修等 4 个方面，提出了 9 条措施；开展老旧 GIS 设备专项检修，完成 180 个间隔老旧 GIS 设备的检修工作；开展了 GIS 内部导体载流故障专项整治；实施了变电站中性点接地方式改造，完成 189 座变电站，357 条母线的 10kV（20kV）配电系统中性点接地方式改造。

通过执行《电力设备检修规程》《电力设备检修试验规程》，设备的健康水平有了明显提升，特别是变压器、GIS 等主设备故障率、缺陷率等指标有了明显改善：一是变压器和 GIS 设备缺陷率故障率大幅下降，变压器故障率、缺陷率较前四年平均值下降了 85%、30%；GIS 设备故障率、缺陷率较前四年平均值下降了 71%、39%，设备健康水平稳步上升。二是消除了设备突出隐患，杜绝了变压器套管烧损和气体继电器误动事件；500kV 套管连续两年未发生故障；因短路能力不足导致变压器故障次数由 2013 年的 10 起逐年下降为今年的 1 起，故障率较前四年平均值下降 83.6%，连续四年未发生 500kV 主变因抗短路能力不足导致的故障；老旧 GIS 设备故障率较前四年平均值下降 82.3%，设备可靠性明显提高；在保障设备和电网安全稳定运行的同时，也取得了突出的经济效益和社会效益。

以变电设备为例：变压器方面，2015 年、2016 年、2017 年变压器故障率分别为 0.079 次/百台/年、0.054 次/百台/年、0.031 百台/年，变压器故障率显著下降；每年故障率降低 0.024 次/百台/年，按目前全网在运 9900 台变压器来算，每年减少故障约 2.4 起，估算每年能够减少设备直接损失约 2500 万元。GIS 方面，2016 年、2017 年内的 GIS 缺陷率分别为 0.936 次/百间隔/年和 0.817 次/百间隔/年，故障率分别为 0.1639 次/百间隔/年和 0.0481 次/百间隔/年，GIS 缺陷率和故障率同比明显下降。故障率降低 0.1158 次/百间隔/年，缺陷率降低 0.119 次/百间隔/年，按目前全网在运存量 10000 个 GIS 间隔来算，每年减少故障约 11.6 次，减少缺陷约 12 次，每年能够减少设备损失 3000 万元。其他 13 类设备（隔离开关、互感器、电抗器、避雷器、蓄电池等）按每年每类设备直接损失 80 万元估算，每年减少设备直接损失 1040 万元。

初步估算，通过本标准的实施，及时发现了设备隐患，大幅减少和降低了输变电设备的缺陷率和故障率，2015～2017 年减少直接变电设备损失费约 1.962 亿元，不包括设备停运带来的电量损失、抢修费用等间接损失。变电设备资产占发输变配电设备总资产的 30.38%，以此类推，执行本标准，2015～2017 年减少直接发输变配设备损失费约 6.46 亿元。

主设备故障往往会影响电网安全稳定运行，甚至给人民群众生产生活造成重大损失，引起不良社会影响。以"4·11"事件为例，共造成 4 座 220kV 变电站、13 座 110kV 变电站失压的一级电力安全事件，损失负荷 604MW，受影响客户 203850 户。通过本标准的实施，指导基层单位有效开展 A 修、B 修、C 修，提升了设备健康水平，减少了设备故障停运，提高了供电质量，取得了良好的社会效益。

（1）消除了电网风险，经统计，从 2018 年 1～9 月，全网成果管控了基于问题的电网风险 2490 项，其中一般及以上事故等级风险 28 项，未发生大面积停电事件。

（2）仅 2017 年 1 月～2018 年 6 月，成功管控保供电 8906 项，其中特级保供电 22 项、一级保供电 34 项、二级保供电 2481 项、三级保供电 6321 项，成功确保了各项重大政治、经济活动的可靠电力供应，多次受到各级党委、政府的表彰。

（3）支撑南方电网供电可靠性指标逐年提升。供电可靠率由 2011 年的 99.588% 提升至 2017 年的 99.771%，停电时间由 2011 年的 36.09 时/户减少到 2017 年的 20.08 时/户；满足人民群众对美好生活的电力需求。同时，在 2017 年度全国供电可靠性排名中，佛山、深圳、广州局位列前三，东莞、中山进入前十名；佛山、东莞、深圳、广州位列国家能源局发布的 2018 年上半年全国主要城市全口径排名前四名。

（4）完善了设备规范化检修技术标准体系，提升了南方电网检修专业在电业行业标准化工作中的影响力。标准中对检修策略制定的要求，优化了基层单位对检修工作的管理，缩短了对严重、异常状态设备的检修周期，延长了正常状态设备的检修周期，提高了检修的质量、效率和效益，实现了提质增效。

4.11 气体绝缘金属封闭开关设备局部放电特高频检测技术规范等系列标准

气体绝缘金属封闭开关设备（简称 GIS）是现代电网的关键设备，局部放电特高频检测技术是目前检测在运 GIS 绝缘缺陷的核心手段。为贯彻落实国家能源战略，不断提升电网设备安全可靠性及精益化管理水平，电网公司推广应用了大量局部放电监测系统，以提升 GIS 运行可靠性。

但特高频检测规范化进度严重滞后于应用需求、无国际和国家标准明确检测方法和装置性能指标、国内外尚未建立局部放电检测系统试验检验体系，监测系统如何适应变电站复杂电磁环境、已安装的在线监测系统如何进行现场标定、传感器配置方案是否合理等一系列问题未有效解决，导致在线/离线局放检测装置性能差、缺陷检出水平低，对提升 GIS 运行可靠性支撑严重不足。

项目组历经 20 余年研究攻关，建立了电力设备局部放电检测的标准体系，发布了相关标准 7 项，实现了 GIS 局部放电监测技术、仪器、应用全过程标准化。在该系列标准指导下，解决了设备投运前的质量控制节点前移、运行过程中的绝缘监测的难题，有效提升了我国 GIS 质量管理和状态运维水平，为我国电力设备的全寿命周期管理提供了强有力的技术支撑，推动我国电力设备状态检测技术和产品达到国际先进水平。标准的实施保障了我国局放状态检测行业的规范化健康有序发展。

该系列标准包含行业标准 6 项，企业标准 1 项，实现了局部放电状态检测传感器、检测系统关键技术参数、检测技术、运维实施各环节的全过程标准化，填补了国内长期以来运行局部放电状态检测无相关标准依据的空白，解决了电力行业各单位开展局部放电状态运维技术利用的标准障碍，为及时发现 GIS 等高压电力设备潜在性绝缘缺陷的检测提供了可靠的技术手段，为设备的故障预警和避免突发性事故的发生筑起了有效的安全屏障。系列标准规定了局部放电状态检测相关的名词术语的名称、英文译名及定义，有力规范了局部放电状态检测领域技术工作的开展，提出了局放状态检测设备及系统应该具备的技术条件，为电网企业提供了具体可执行的设备入网要求，显著提升了技术水平，规定了局放状态检测数据储存和管理的技术要求，保障了电力设备状态评价工作的效果，确保电网安全稳定运行。

为保证本系列标准的科学性和实用性，项目组与清华大学、华北电力大学、华中科技大学、中国电科院、西安高压电器科学研究院、英国 DMS 等重点高校、科研院所、设备主流生产商进行了广泛的交流，并到中国计量院进行校准设备溯源。

标准研制过程中，共授权发明专利 8 项，实用新型专利 8 项，发表 SCI 论文 4 篇，EI 和核心论文 14 篇，获得了南方电网科技进步一等奖、广东省科学技术二等奖、中国电力科学技术二等奖等省部级奖励。

本系列标准已在南方电网、国网公司、发电企业、局部放电检测设备制造企业等广泛应用，创造了巨大的经济效益和社会效益。中电联在《中国电力标准化 2018 年度发展报告》中对本项目的系列标准给予了高度评价：本系列标准为开展变电设备监测装置的设计、生产、检验、验收和运行管理提供参考依据，对确保变电设备安全稳定运行具有重要意义。

4.11.1　主要特点

党的十九大报告明确指出"加快建设制造强国，加快发展先进制造业，推动互联网、大数据、人工智能和实体经济深度融合。"习近平总书记在"至第 39 届国际标准化组织大会"的贺信中，提出"车同轨、书同文"，标准支撑产业发展、促进科技进步。广东电网公司在南方电网标准化工作统一部署下，研制了气体绝缘金属封闭开关设备（简称

GIS）局部放电特高频检测技术规范等系统标准，有效促进了我国特高频检测技术的规范化发展，有效支撑了 GIS 设备安全稳定运行，经济和社会效益显著。

（1）填补了局放状态检测技术标准空白。局放检测技术及其测试设备相关标准长期处于真空状态，导致技术应用不合理，设备性能无法评价，技术发展方向混乱，市场上各种局放检测设备质量参差不齐，应用效果很差。《气体绝缘金属封闭开关设备局部放电特高频检测技术规范》等系列标准填补了长期以来局放状态检测技术无相关标准依据的空白，解决了电力行业各单位开展状态运维的标准障碍。

（2）促进了特高频检测技术的规范化发展。之前，由于国内外 GIS 局部放电检测技术标准空白，导致各 GIS 局放检测装置制造商的产品性能、灵敏度指标差别很大，甚至检测量纲都没有统一。本系列标准统一规定了相关定义、通用技术要求、专项技术要求、试验条件、试验项目、试验方法及检验规则。目前，南方电网、国家电网、中广核等 GIS 设备用户，珠海伊特、广州友智等 GIS 局放特高频检测设备供应商，全面采用了本系列标准，有效促进了特高频检测技术的规范化。本系列标准的成果，也获得了 CIGRE 专家的肯定和推荐。

（3）大幅提升了 GIS 设备可靠性。GIS 设备用于控制高压输电网络的开合，是电网的核心装备之一，一旦发生故障，极易引发大面积停电，造成巨额国民经济损失。因此，及时发现和排除 GIS 内部缺陷，预防 GIS 故障是电网公司必须承担的艰巨任务。本系列标准规范了特高频检测的方法、特高频在线监测装置的要求和检验方法，有效保障了检测的效率。应用本系列标准规定的方法，广东电网（含广深）、广州抽水蓄能电厂及大亚湾核电站、广州石化、中广核等单位的 110~500kV 的 GIS 设备进行了 23000 余间隔次的状态监测，及时发现了 168 起 GIS 缺陷，解体确认率达 100%，大幅提升了 GIS 设备运行可靠性。

4.11.2 实施应用情况

系列标准已在南方电网、国家电网公司、发电企业、局部放电检测设备制造企业等广泛应用。

中电联在《中国电力标准化 2018 年度发展报告》中对本项目的系列标准给予了高度评价：DL/T 1498.4《变电设备在线监测装置技术规范 第 4 部分：气体绝缘金属封闭开关设备局部放电特高频在线监测装置》、DL/T 1432.4《变电设备在线监测装置检验规范 第 4 部分：气体绝缘金属封闭开关设备局部放电特高频在线监测装置》等标准是变电设备在线监测系列标准的重要组成部分，实现对特高频检测技术的规范和检验。主要在总结以往在线监测技术应用经验的基础上，从实际需求出发，对 GIS 设备特高频在线监测装置的定义、通用技术要求、专项技术要求、试验条件、试验项目、试验方法及检验规则等方面的内容提出要求。这两项标准的发布进一步补充了变电设备在线监测体系，为开展变电设备在线监测装置的设计、生产、检验、验收和运行管理提供参考依据，对确保变电设备安全稳定运行具有重要意义。

在电网公司层面，近年来，南方电网和国家电网大力推广 GIS 局部放电检测，本标准作为检测设备和现场试验的规范，得到了大量应用。南方电网大力推广 GIS 局部放电特高频在线监测装置应用，目前广东电网 220kV 及以上变电站 GIS 安装率超过 83%。

在核电、钢铁、化工、地铁、高铁等采用 GIS 设备的企业，已将 GIS 局部放电特高频检测作为重要的设备状态检测手段，得到了广泛应用。

在 GIS 局部放电特高频检测设备制造商，作为产品设计、开发、测试的依据，有效地规范了产品设计和生产。

4.11.3 社会效益和经济效益

在直接经济方面，"气体绝缘金属封闭开关设备局部放电特高频检测技术规范"系列标准相关技术成果、装置推广实施以来，在气体绝缘金属封闭开关设备带电测试、在线监测等领域发挥了重要作用。2010～2018 年，累计生产装置 150 套，产值 4500 万元。

在间接经济效益方面，通过气体绝缘金属封闭开关设备的特高频局部放电检测，可有效发现设备内部机构松动、接触不良、绝缘件裂痕和内部脏污等缺陷，及时预警设备故障的发生，从而保障电网安全稳定运行。在广东电网累计处理 GIS 设备缺陷 85 起，节约电力生产成本 9117 万元，同时避免设备经济损失 3.3 余亿元，节支总额约 4.23 余亿元。

在社会效益方面，气体绝缘金属封闭开关设备是现代电力无法替代的关键变电装备之一，该设备一旦发生故障，极易引发电网大面积停电。系列标准利用特高频检测技术，及时发现危及设备安全潜在缺陷，大幅减少因设备故障引发的停电事故，提高供电可靠性，有效保障了电力供应，显著改善了企业生产和人民生活水平。

4.12 抽水蓄能电站运行准备系列标准

本导则分十五章，重点写抽水蓄能电站需要准备的工作，主要从组织机构确立及生产准备人员配置、生产准备方案编制、生产管理制度编制、生产准备人员培训、生产技术文件准备、生产物资准备、信息系统建设、代管、代操作、移交验收 10 个方面编制生产准备范围、工作内容。抽水蓄能电站按本导则准备生产期各项工作，可高效、快捷的实现从建设期到生产运行期各项工作的有效过渡，节省大量人力物力，保证电厂生产各项工作有条不紊地进行，为抽水蓄能电厂的安全提供了有效保障。

4.12.1 主要特点

随着国内抽水蓄能电站快速发展，近年多个大型抽水蓄能电站开工建设，抽水蓄能电站面临着从建设期到运行期角色如何快速规范化转换问题，本标准结合当前国内外抽水蓄能电站发展的趋势和特点，形成了抽水蓄能电站从建设期到运行期角色转变规范化和标准化的生产准备体系，是多年来抽水蓄能建设工作一次很好的经验总结。解决了困扰抽水蓄能电站多年的从建设期至运维期各项工作如何准备的问题，使抽水蓄能电站移交生产能快速高效的进行生产，保证了抽水蓄能电站的安全运营，为电力系统的安全提供了有效保障。

4.12.2 实施应用情况

清蓄公司按照《抽水蓄能电站生产准备导则》进行从建设期至运维期的各项准备工作，自 2016 年 8 月 30 日全面投产以来，机组运行稳定，安全局面良好，2017 年机组启动成功率 99.9%，应急启动成功率 100%，机组等效可用系数 93.19%，机组非计划停运小时数 7.47 小时，机组强迫停运率 0.19%，直接厂用电率 0.39%，各项指标均达至了国内的先进水平，清蓄公司各项工作有序进行，成功实现了从建设期至运维期的有效过渡。

深蓄公司按照《抽水蓄能电站生产准备导则》进行从建设期至运维期的各项准备工作，2018 年是投入运行的第一年，机组运行稳定，安全生产开局良好，2018 年截至目前机组启动成功率 98.55%，应急启动成功率 100%，机组等效可用系数 85.35%，机组非计划停运小时数 79.38h，机组强迫停运率 1.68%，达到了抽水蓄能电站设备全面国内化机组的最好水平，深蓄公司各项工作有序进行，成功实现了从建设期至运维期的有效过渡。

海蓄公司按照《抽水蓄能电站生产准备导则》进行从建设期至运维期的各项准备工作，2018 年是投入运行的第一年，机组运行稳定，安全生产开局良好，2018 年截至目前机组启动成功率 98.55%，应急启动成功率 100%，机组等效可用系数 94.95%，机组非计划停运小时数 82.59 小时，机组强迫停运率 0.11%，达到了机组投入运行第一年的较好水平，海蓄公司各项工作有序进行，成功实现了从建设期至运维期的有效过渡。

4.12.3 社会效益和经济效益

清蓄公司、深蓄公司、海蓄公司按照《抽水蓄能电站生产准备导则》进行从建设期至运维期的各项生产准备工作，2017 年清蓄公司机组全面投入运行、2018 年深蓄公司和海蓄公司机组全面投入运行，经检验各项工作有条不紊进行，电厂安全，生产运行指标优异，抽水蓄能电站成功实现了从建设期至运维期的转变，保障了电厂高效经营，保证了社会用电，保证了电力系统安全。

4.13　66～220kV 电缆振荡波局部放电现场测试方法

电缆振荡波试验是近年来国内逐渐常态化开展的一种能够实现高压交联电缆局放检测与定位的有效方法。相比于传统直流耐压、变频交流耐压试验技术，振荡波电压法试验技术具有损伤小、便于现场操作、能缺陷定位等特点。该技术在北京奥运会、广州亚运会、上海世博会、济南全运会、深圳大运会等特大型保供电活动中有较大规模的应用，发现了大量缺陷并获得广泛认可。在国内大型城市电网企业中，该技术已成为高压交联电缆交接试验、提升运行维护质量的重要技术手段。近几年高压电缆振荡波技术也实现了国产化，广州供电局以引进—吸收—创新的工作思路，攻克了高压电子开关串并联及振荡电压下电缆局放测量等高压电缆振荡波局放测试核心技术，打破了国内外技术壁垒，大幅降低了高压电缆振荡波的技术成本。为引导振荡波电压法试验技术现场应用逐步朝着规范化、常态化方向发展，编制 66～220kV 电缆振荡波局部放电现场测试方法标准具有重要意义。

4.13.1　主要特点

首次提出高压电缆振荡波局放现场测试方法技术标准，在技术研发和现场应用的基础之上将 66～220kV 电缆振荡波局放现场测试方法进行了标准化，保证科后续高压电缆振荡波现场试验有标准可以参考，对高压电缆振荡波技术的推广应用具有重要意义；高压电缆振荡波局放测试技术可以有效诊断高压电缆绝缘缺陷，弥补了高压电缆局放诊断手段的不足，通过大量的 110kV 及以上高压电缆振荡波局放测试现场应用，积累了丰富的测试数据，该标准为高压电缆振荡波局放测试提供了标准化的作业流程、结果判别方法以及检修处理建议。

电缆振荡波测试技术已在现场有较多的应用，其检测效果也受到了国内外权威认可。此前，6～35kV 电缆振荡波测试方法及测试系统已经形成了相关标准，涉及 66kV 及以上电压等级，其测试设备和测试方法与中低压电缆振荡波局放测试有较大差别。并且，高压电缆振荡波测试技术长期由国外的公司垄断，国内要使用需要付出昂贵的技术成本。标准主编单位采用自主研发方式，攻克了高压电缆振荡波核心技术难题，成功研发了250kV 高压电缆振荡波试验装置，可用于 66～220kV 高压电缆振荡波局放测试，成本约为进口成本的 1/4，有效降低了该技术的使用成本。在自主研发和大量的现场应用基础上，在国内率先对高压电缆振荡波局放现场测试方法进行了标准化。

4.13.2　实施应用情况

标准主要应用于 66～220kV 高压电缆局部放电现场检测，设计高压电缆运行维护和状态评估。目前，已完成广州电网多条新投运 110kV 电缆竣工试验局放检测以及在南方电网地区开展了运行电缆局放诊断试验工作，取得了良好应用效果。

4.13.3 社会效益和经济效益

标准自实施以来，将 66～220kV 电缆振荡波局部放电现场测试方法进行了标准化，现场施工作业流程有了标准参考依据，可以有效提高现场测试效率以及诊断准确率。以每条电缆振荡波测试节省 2 万元（提高了诊断效率）计，每年在全国范围内参考该标准开展 5000 条次电缆振荡波局放测试，约可以产生 1 亿元的经济效益。

在自主研发和大量现场应用的基础之上将高压电缆振荡波技术实现了标准化，打破了国内外技术壁垒，有效降低了技术使用成本；另外也带动了该技术的推广应用，为高压电缆高效可靠运维提供了技术手段，有效保证了电网的运行可靠性。

4.14 高原 110kV 变电站交流回路系统现场检验方法

标准项目依托南方电网 "变电站交流回路智能检验系统研究及应用" 等三项科研课题及国家标准化管理委员会 "国标委综合〔2013〕90 号" 文件标准计划编号 20132444—T—604 项目，历经十余年，攻克了传统间隔升流、就地端子箱升压检测方法存在高抗、主变压器、换流变压器等盲区，极性配合难以量化等技术难题，研发出了二次交流系统整体检测诊断技术和检验标准，扭转了二次交流系统隐患引发的事故比例曾经高达 47%的状态，取得了集理论、技术、标准及应用示范于一体的系列成果。

4.14.1 主要特点

（1）针对传统方法存在极性配合检测未量化，检测存在死角问题，应用系统理论，创造性提出了二次交流系统的整体诊断理论，构建了通过在全站一次侧整体注入可变频向量诊断信号，多点同步检测二次交流系统中信号的幅值、相位，并校核二次装置信号显示，通过实测数据、显示数据与计算值进行综合分析判断的技术。实现了在变电站投运前二次交流系统检测全范围定量化诊断，并测出六角图。

（2）攻克了主变压器、高抗二次电流系统及电压系统盲区检测诊断技术瓶颈。研制了以诊断信号 U_a 为基准，全站无死区同步检测和缺陷诊断的关键技术。实现了唯一参考向量全站多点交流电流、电压幅值及相位的同步检测，以及对仪表难测出的很小二次电流进行无回路破坏检测。

（3）构建了包括多间隔三相电流试验、零差电流试验、三相电压试验、零序电压试验等一系列的二次交流系统整体试验、检测及诊断体系，并形成了正式的国家标准，打造了一道确保安全带电和运行的防线。

4.14.2 实施应用情况

项目成果已成功应用于云南大风丫口风电站、贵州 110kV 翁福变电站、广西贺州铝电子产业工程等 100 多个工程及老挝 110kV 钾盐输变电工程，结果表明：可快速诊断出重大缺陷隐患（已诊断出大风丫口电站 2 号主变压器 TA 一次误碰等重大缺陷隐患 100 多处），全面验证了二次交流回路检测检验的效果，保证了工程带电及运行安全，创造经济效益上亿元。实现了变电站二次交流回路"零缺陷"投产的精益化管理，提高了变电站投运的安全可靠性。已列入 2015 年度云南省重点推介科技项目，并连续 3 年列为南网科技成果重点推广项目，有力推动了该技术领域的科技进步，具有良好的推广应用前景。经中国电机工程学会 2018 年 4 月 17 日鉴定，项目成果居同技术领域国际领先水平。

《高原 110kV 变电站交流回路系统现场检验方法》采用先进的研究成果，规范了 110kV 新建或改扩建常规变电站交流回路现场检验的内容、方法和判断标准，指导交流回路投运前的现场检验，以确保工程带电及运行安全，经国家质量监督检验检疫总局和国家标准化管理委员会"关于批准发布《标准电压》等 585 项国家标准和 2 项国家标准修改单的公告"（2017 年第 29 号中国国家标准公告）正式发布，2018 年 5 月 1 日实施。

4.14.3 社会效益和经济效益

经济效益主要包括减少工作量和检验出接线错误，避免误动和拒动，避免电量损失，提高系统稳定性，以及应用成果发现问题，避免了带电或运行后事故造成的损失。累计产生经济效益上亿元。

标准的技术已在老挝万象 110kV 钾盐变电站、贵州 110kV 翁福变电站等工程中应用，有效检验出电流电压回路的问题隐患，保证了工程带电及投运安全，对电力系统安全稳定运行起到积极作用，提升了国际、国内的竞争力，并已研制出配套的检验产品，占据了该技术的先发优势，领跑该技术领域。

本标准的制定，填补了国内外该技术领域检验方法标准的空白，提高了专业人员工作效率和效果，增强了企业核心竞争力。提升了专业检验技术水平，推动了业内技术进步。降低多重故障和大面积停电的发生，保障电网安全和社会稳定。有效降低了厂站事故发生率，减少了电力用户的停电时间。

4.15 智能费控电能表系列标准

智能费控电能表系列技术标准包括《中国南方电网有限责任公司单相电子式费控电能表技术规范》《中国南方电网有限责任公司三相电子式费控电能表技术规范》《中国南方电网有限责任公司关于 DL/T 645—2007 多功能电能表通信协议的扩展协议》3 项技术

标准，均于 2015 年 5 月 21 日正式颁布实施。

《中国南方电网有限责任公司单相电子式费控电能表技术规范》《中国南方电网有限责任公司三相电子式费控电能表技术规范》分别规定了单相智能电能表、三相智能电能表的规格、环境条件、机械性能、电气性能、功能配置、外形结构、安装尺寸、材料及工艺等方面的技术要求。《中国南方电网有限责任公司关于 DL/T 645—2007 多功能电能表通信协议的扩展协议》规定了电能表与数据终端设备进行数据交换时的帧格式、安全认证相关命令、通信数据标识及事件记录等。

4.15.1　主要特点

智能费控电能表系列标准的创新性主要体现在以下几方面：

（1）实现不同通信方式、不同生产厂家的通信模块互换。标准中规定了电能表通信模块接口带载能力和通信模块互换性要求，包括技术要求、试验方法、结构尺寸及接口要求。标准从热插拔、通信、计量误差影响、整表功耗四个方面进行考核。通过试验检测，解决不同通信方式、不同生产厂家模块互换问题。

（2）解决电能表易受磁场影响问题，提升设备可靠性。标准中规定电能表设计中须通过磁屏蔽、合理布线等手段加强电能表抗工频磁场影响能力，明确了对应的试验方法，避免用户未用电，电能表仍然有极少量电能累计的情况发生。标准中提高电能表抗恒定磁场指标，加强电能表防强磁铁窃电能力，避免利益受损。

（3）规定电能表电池技术指标，保证停电情况下电能表时钟可靠性。标准对时钟电池、停电抄表及全失压电池电压、容量进行了规定，同时对停电抄表及全失压电池型号进行了统一；标准规定电能表电池电量不足的情况下，须进行报警和事件记录，保证了电能表时钟问题的可追溯性。

（4）满足省网关口结算需求，保证计量工作公平公正。标准扩展了电能表电能精确示值协议，对 0.2S 级电能表和 0.5S 级电能表电量数据可抄读小数点位数由 2 位扩充至 4 位，进一步提升了关口计量的准确性。

（5）规范统一电能表型式结构，为计量集中检定工作的推进提供技术基础。标准对电能表的各类外形尺寸进行了统一规定，并提供了 3D 图，要求各生产厂家严格按照结构 3D 图进行生产。标准对电能表液晶显示字符大小进行了统一规定，保证了电能表自动检定流水线外观检查的准确性。

（6）规定电能表费控功能实现流程，为安全费控体系建设提供技术基础。标准规定了电能表费控功能实现流程，并要求每年在电能表内部实现阶梯电价的切换功能，为公司安全费控体系的建设提供了技术保障。

（7）具备线路异常信息主动上报功能，实现智能电能表对配网监测功能。标准规定线路有停电、断相、失压、失流、开表盖等重要事件发生时，电能表应支持主动上报，通过附加信息的方式通知计量主站，初步实现了智能电能表对配电网运行监测功能。

（8）精简电能表规格，减少物资品类，降低计量物资库存。通过研究国内外电能表使用情况，标准制定过程中进一步统一电能表电流规格，其中单相电子式费控电能表电流规格由 4 种减少至 1 种，同比减少 300%；三相电子式费控电能表电流规格由 5 种减少至 2 种，同比减少 150%。

4.15.2 实施应用情况

智能费控电能表系列技术标准属市场营销领域强制性执行标准，标准自 2015 年颁布实施以来，在 2016～2018 年南方电网范围内电能表招标、检测、到货验收中得到了广泛的应用，各省公司及地市供电局均严格应用了此系列标准。同时国内有超过 30 家智能费控电能表生产企业采用此系列标准进行生产及供货。2016～2018 年期间，南方电网各省适用智能的费控电能表系列技术标准采购的电能表数量近 3 千万只。

4.15.3 社会效益和经济效益

1．标准实施产生的社会效益

（1）有助于推动电能表产业结构的优化，提升企业生产效率。标准对电能表的各类外形尺寸进行了统一规定，并提供了 3D 图，各生产厂家只需按照结构 3D 图进行生产即可。同时标准制定过程中，通过研究国内外电能表使用情况，进一步统一电能表电流规格，其中单相智能费控电能表电流规格由 4 种减少至 1 种，同比减少 300%；三相智能费控电能表电流规格由 5 种减少至 2 种，同比减少 150%。电能表外形结构的统一和规格的减少进一步推动了电能表产业结构的调整优化，提升产业生产资源的合理利用。

（2）有助于提升我国电能表质量水平和国际竞争力。标准中对设备可靠性提出了更加严格的要求，明确了故障率指标，并对运行中发现的质量问题提出了明确的技术要求和试验方法，对于提升符合该系列技术标准的智能电能表的产品质量有明显的提升，推动了国内电能表在国际市场的竞争力，为电能表产业的发展提供了有力的支撑。

2．标准实施产生的经济效益

（1）智能费控电能表系列技术标准应用为企业实现智能电表全覆盖提供了技术基础，提高了设备可靠性，保证了关口计量准确性，直接保证了计量工作的公平公正，同步提升了企业配电网的智能化水平。

（2）智能费控电能表系列技术标准应用精简了电能表规格，减少物资品类，降低计量物资库存，直接提升了企业电能表相关物资的利用率，避免了电能表闲置情况的发生。

（3）产生了较高的直接和间接经济效益。2016～2018 年期间，南方电网范围内累计采购符合该系列技术标准的智能费控电能表累计近 3000 万只，按平均每只电能表单价 200 元计算（单相智能费控电能表单价约 150 元，三相费控电能表平均 400 元），据统计智能费控电能表的故障率较电子式电能表低约 0.43%，标准实施产生的较高的经济效益。

4.16 绝缘油中腐蚀性硫（二基二硫醚）定量检测方法等 6 项标准

电力变压器作为电力输变电系统的关键设备，其可靠性直接关系到电力系统的安全稳定运行。近年来，世界上已发现近百例因绝缘油中腐蚀性硫而导致的高压变压器/电抗器故障，由此腐蚀性硫的诊断及防护研究已成为电力相关领域专家学者广泛关注和高度重视的一个热点问题。

4.16.1 主要特点

项目组建立了一整套变压器油腐蚀性硫诊断及防护标准体系，发布了相关标准 6 项，涉及腐蚀性硫的定量检测技术、金属钝化剂的定量监控和含腐蚀性硫变压器油处理技术等全过程标准化。该系列标准解决了腐蚀性硫定量检测和变压器油劣化后处理难题，为我国绝缘油腐蚀性硫检测、防护及处理提供了有力的技术支撑，推动我国矿物绝缘油处理技术和产品达到国际先进水平。

该系列标准包含国家标准 1 项、行业标准 4 项和团体标准 1 项，具体包括腐蚀性硫（二苄基二硫醚）的定量检测技术（气相色谱质谱联用、电子捕获器法、原子发射检测器法、串联质谱法和硫化学发光检测法）、全硫含量定量检测技术、金属钝化剂含量定量检测技术和腐蚀性硫处理设备技术，填补了国内长期以来油中二苄基二硫醚、总硫、金属钝化剂含量检测方法无相关标准依据的空白，为及时发现导致变压器油不合格的因素提供了可靠的技术手段，解决了电力行业各单位开展运行中含腐蚀性硫变压器油再生技术的标准障碍，为变压器油再生和使用提供了技术支撑。

4.16.2 实施应用情况

GB/T 32508《绝缘油中腐蚀性硫（二苄基二硫醚）定量检测方法》及 DL/T 1459《矿物绝缘油中金属钝化剂含量的测定高效液相色谱法》已作为国家标准《运行中变压器油质量》和《变压器油维护管理导则》以及南方电网标准 Q/CSG 1206007《电力设备检修试验规程》的检测要求，进行新油验收及运行中变压器油质量管理时，必须进行检测的项目。

在变压器油检测方面，油中腐蚀性硫、金属和钝化剂检测方法已经成为电网、发电、设计、基建等电力企业日常使用标准，广泛地应用于基建、运行设备监测、分析和诊断。腐蚀性硫的检测和添加金属钝化剂已列为南方电网反事故措施在五省区广泛应用，上万台变压器油进行了腐蚀性硫普查工作。广东电网已完成近 4000 台设备的绝缘油中腐蚀性硫定量检测测试，近 300 台相设备绝缘油添加金属钝化剂并进行含量跟踪。目前南方电网和国家电网都制定了相应标准,要求新变压器油必须通过腐蚀性硫试验才能入网使用。

4.16.3 社会效益和经济效益

1．标准实施产生的社会效益情况

根据本项目的成果，制定了国家标准和行业标准 6 项，特别是钝化剂定量检测和二苄基二硫醚定量检测方法的确立填补了空白，给实际的运维单位带来极大的方便。应用该方法体系，还可以实现抗氧化剂、糠醛、钝化剂等多组分同时测定，大大促进了油品的检测技术发展。系列标准规范变压器油再生处理过程，提高运行变压器油品质，可显著改善运行变压器绝缘性能，有力支撑优质服务，提升供电可靠性，保障电网安全稳定运行。

2．标准实施产生的经济效益情况

变压器添加钝化剂和钝化剂含量检测带来的经济效益：广东电网公司电力科学研究院开展了添加钝化剂工作，截至目前为止已完成广东省内 243 台变压器的添加工作。另外从 2014 年开始,对于钝化剂剩余含量已经低于 5ppm 的 14 台变压器重新补加金属钝化剂。

按照修订的 GB/T 12541《变压器油运维导则》规定，添加钝化剂的设备需要定期跟踪金属钝化剂的含量，一般半年一次。

腐蚀性硫定量检测带来的经济效益：广东电网公司电力科学研究院开展相关工作以来，目前已完成了近 4000 台变压器绝缘油的腐蚀性硫检测工作。随着腐蚀性硫问题越来越被重视，修订的 GB/T 7509《运行变压器油质量标准》中，把腐蚀性硫的测试列为必检项目。从 2014 年开始计算，对 243 台设备进行每年的跟踪。

标准的应用有效地杜绝含腐蚀性硫变压器油进入电网，防止变压器发生腐蚀性硫故障，有力地保障了电网安全稳定运行，经济效益更不可估量。

4.17 柔性直流配电系统用电压源换流器技术导则

本标准规定了直流配电系统使用的电压源换流器的使用条件、参数、通用技术要求、试验、文件资料等，并分别介绍了直流配电系统及其使用的电压源换流设备，以及电压源换流器可使用的功率电力电子器件。本标准适用于与 6～35kV 交流配电系统连接的直流配电系统使用的电压源换流器。由于每个柔性直流输电工程均有其特殊性，应结合具体工程条件和要求使用本标准。

随着可再生能源发电和储能设备的快速发展，在配电系统中将包含越来越多的分布式电源和储能设备，并形成不同规模的用户侧微电网系统。同时，供电负荷的类型日益丰富，不同用户对供电质量需求的差异也日益显著。传统的交流配电系统已难以满足不断发展的差异化供电，以及大规模分布式电源接入带来的技术挑战。

柔性直流输电技术的一种典型应用是构建直流配电系统。在交流配电网基础上使用电压源换流设备形成直流配电系统，一方面可以方便实现不同等级的高质量供电，以及多类型电源供电等差异化供电服务，另一方面也便于管理和控制同时接入配电系统的大量分布式电源。

随着城市直流输电、直流配电和直流微电网等技术领域的快速发展，我国已成功研制出适用于城市地区的 20MW 紧凑型电压源换流器，并已启动多个直流配电系统和直流微电网的示范工程建设项目。因此，亟需制定适用于我国电网建设特点和发展需要的直流配电系统电压源换流器行业标准。

电压源换流器作为直流配电系统的核心元件，是实现交流和直流电能转换和传输的关键设备。目前，国内外尚未对直流配电系统使用的电压源换流器的功能、技术指标、试验考核要求等技术内容做出明确规定，严重影响了直流配电技术的工程化发展。

4.17.1　主要特点

本标准在总结我国柔性直流输、配电工程经验的基础上，参考国内外相关标准的编制原则开展工作，力求使本标准紧密切合我国工程实际，具有技术先进与适用性强的特点。在标准的编写过程中，标准起草工作组认真研究了国内、外相关标准，并对国内有关柔性直流输、配电系统进行了调研。

一方面，标准编制工作组基于直流配电系统换流设备的功能需求和技术要求，借鉴了我国在基于电压源换流器的直流输电工程中换流阀的研究成果及工程经验，参考了GB/T 30553《基于电压源换流器的高压直流输电》等标准的相关内容，形成了直流配电系统电压源换流器技术导则。

另一方面，本标准依托国家 863 计划课题"基于柔性直流的智能配电关键技术研究与应用"相关技术研究成果，并组织国内直流输电、直流配电领域行业领先的制造企业和研究单位，依托各自研究成果参与本标准编制。

4.17.2　实施应用情况

本标准直接指导了我国多个直流配电示范工程用电压源换流器的设计、制造、实验等关键环节，包括南方电网珠海唐家湾直流配电项目和贵州大学直流配电项目等，为项目的顺利实施提供了重要的技术依据和技术参考。

4.17.3　社会效益和经济效益

1. 标准实施产生的社会效益情况

直流配电技术及系统能够显著提升分布式能源和储能设备接入能力，改善配电网运行效果，提升用户侧供电可靠性和供电质量，是未来配电系统发展的重要技术方向。同时，也是我国电力装备制造企业，尤其是电力电子装备制造企业拓展新市场、实现产业转型的重要技术方向。

本标准的制定和颁布，对于指导直流配电系统建设和关键设备研制，促进技术应用，提升我国电力装备制造业的能力和水平具有重要意义。

2．标准实施产生的经济效益情况

依托本标准的技术条件指导，北京四方、许继西安、南瑞继保等单位分别在贵阳、珠海等项目中标了 7 台直流配电用电压源换流器，总合同金额超过 5000 万元人民币。

4.18 智能变电站时间同步系统及设备技术规范

智能电网是电网发展的方向，智能电网的发展离不开智能变电站的支撑。智能变电站需要更加准确、可靠的时间同步，从而对时间同步系统提出了更高的要求。

本标准的目的是对智能变电站时间同步系统和设备提出统一的技术要求，规定了智能变电站时间同步系统的总体原则、基本架构、信号选择、设备、数据模型等，以提高智能变电站时间同步系统的可靠性和稳定性，满足智能变电站安全、可靠运行的要求。

4.18.1 主要特点

本标准创新性的提出了 BDS 信号为主，GPS 信号为辅，天地互备的时间同步体系，避免目前电力系统依赖 GPS 带来的巨大安全隐患；建立了时间同步系统的 DL/T 860 数据模型，为装置自检信息监测、故障分析等提供有效手段；规范了运行基准信号选择逻辑，防止因外部信号异常或跳变、基准信号丢失等情况导致的设备故障，从而提高智能变电站时间同步运行可靠性；制定了智能变电站时间同步系统试验方法，为现场调试、运维、验收进行有效指导

4.18.2 实施应用情况

从 GB/T 33591《智能变电站时间同步系统及设备技术规范》编制以来，便在贵州电网进行试点和推广应用，也依托《智能变电站时间同步系统可靠性研究与应用项目》在南方电网进行了系统的研究、验证和试点。同时，本标准直接应用于南方电网企业标准 Q/CSG 1203023《数字及时间同步系统技术规范》，并指导完成了 2018 年南方电网时间同步装置入网检测，该标准得到了全方位的应用，并会陆续推广至全国范围。

截至 2018 年，贵州电网公司在该标准的指导下完成投运的站超过 180 余座，运行状

况良好，有效指导了贵州电网智能变电站的建设，极大推进了南方电网乃至国内智能电网智能变电站前进的步伐。

4.18.3 社会效益和经济效益

1．标准实施产生的社会效益情况

GB/T 33591《智能变电站时间同步系统及设备技术规范》是国内第一套智能变电站时间同步专业技术规范，该规范的发布对智能变电站时间同步系统的建设、优化起到了巨大推进作用。本标准建立以北斗卫星导航系统为主、天地互备的原则，规避了目前电力系统时间同步系统依赖 GPS 带来的巨大安全隐患，保证了电网的运行安全。通过数据模型、可选监测功能等要求，为装置自检信息监测、故障分析等提供有效手段。本标准的推广实施能大大提高智能变电站时间同步的授时性能、可靠性和安全性，从而促进智能电网的发展，具有非常好的综合社会效益。

2．标准实施产生的经济效益情况

本标准对智能变电站时间同步系统及装置进行了系统化的规范，将有效降低智能变电站调试工作量，提高运维效率，减少事故发生，给电网领域带来较大的经济效益，同时也为社会稳定用电需求提供基本的保障。

目前，南方电网智能变电站的投运计划超过 200 座，该标准的应用已开始在南方电网全面实施，每年创造的总价值约为 1200 万元。同时，标准已经在全国范围陆续推广应用，将覆盖更多的智能变电站，创造的总价值过数亿元。

在间接经济效益方面，本标准大大地提高了授时的可靠性，满足了智能变电站对时间同步精度的可靠性要求，从而使电网运行更稳定，提高电能质量，促进我国智能电网和智能变电站的发展，以此带来的间接经济效益是相当巨大的。

4.19 电力监控系统安全防护技术规范

本规范旨在建立健全南方电网电力监控系统安全防护体系，在统一的安全策略下保护重要系统免受黑客、病毒、恶意代码等的侵害，特别是能够抵御来自外部有组织的团体、拥有丰富资源的威胁源发起的恶意攻击，能够减轻严重自然灾害造成的损害，并能在系统遭到损害后，迅速恢复主要功能，防止电力监控系统的安全事件引发或导致电力一次系统事故或大面积停电事故，保障南方电网电力系统安全稳定运行。

4.19.1 主要特点

根据《电力监控系统安全防护规定》（国家发展和改革委员会 2014 年第 14 号令）和《电力监控系统安全防护总体方案等安全防护方案和评估规范》（国能安全〔2015〕36 号）

等国家有关要求，结合南方电网电力监控系统实际运行情况，按系统化、规范化、工程化要求、细化了电力监控系统安全防护的技术要求，涵盖了南方电网电力监控系统安全防护总体结构要求及各项具体的技术措施。

4.19.2 实施应用情况

本标准于 2016 年 1 月 1 日起正式实施，是南方电网范围内电力监控系统网络安全领域唯一在执行的标准，全面承接了《电力监控系统安全防护规定》（国家发展和改革委员会 2014 年第 14 号令）和《电力监控系统安全防护总体方案等安全防护方案和评估规范》（国能安全〔2015〕36 号）等行业主管部门相关要求。目前，南方电网范围内共计 330 套主站电力监控系统、7502 座变电站以及 1595 座各级调度机构直调电厂均依据本标准开展系统设计、建设、加固及日常运维，确保全网电力监控系统符合国家、行业标准要求。

在本标准指导下，全网累计投入运行电力监控系统安防设备合计 13011 台。其中，在系统横向防护方面，累计部署横向隔离装置 889 台，实现各单位生产控制大区与管理信息大区之间的物理隔离，从根本上保障了电力生产系统不受来自互联网的网络攻击；部署横向防火墙 2556 台，实现对生产控制大区内部的安全区之间的逻辑隔离，进一步强化了对具备控制功能的生产系统的重点保护；横向隔离措施目前已实现各级主站、厂站全覆盖。

在广域网纵向防护方面，全网合计已部署 4758 台纵向加密装置在控制区与调度数据网之间，实现数据纵向加密认证功能，确保了调度主站与厂站间具备控制功能的重要通信数据不被窃听、篡改及破坏，有效防范各类网络攻击。全网进一步部署了 4164 台纵向互联防火墙在非控制区与调度数据网之间，实现非控制区业务系统纵向防护，同时，目前已完成了 3560 座变电站非控制区纵向加密认证改造，进一步加强对非控制区业务的精准防护和控制。

4.19.3 社会效益和经济效益

1．标准实施产生的社会效益情况

本标准的实施极大提升了南方电网电力监控系统网络安全防护水平，有效降低了电力监控系统遭受网络攻击的风险，防范各单位因网络安全导致三级及以上安全生产事件，防范因关键基础设施防护不到位而导致的违反《网络安全法》违法行为，有力保障电力系统安全稳定运行，维护南方五省社会经济稳定发展。2015 年年底，乌克兰电网因网络安全缺陷造成大面积停电超过 3h，影响人口超过 70 万人，经济损失上千万美元。南方电网变电容量、服务人口约为乌克兰电网的 10 倍，通过本项目提升电网安全防护水平，巨大的经济和社会效益。

2．标准实施产生的经济效益情况

（1）本标准实施后，南方电网范围内各新建系统均依据标准开展网络安全设计、开发和建设，确保系统满足国家、行业要求，大大降低了系统安全设计成本以及投运后因网络安全不合规所产生的相应成本。本标准实施后已指导 330 套主站调度系统及 9884 套厂站系统进行建设，按每套主站系统每年节支 2 万元，每套厂站系统每年节支 0.5 万元计，2016 年至今累计可产生较高的经济效益。

（2）本标准实施后累计指导安全防护设备采购 13011 台，按平均每采购 1 台设备节省采购咨询、方案设计等费用 0.1 万元计，本项可产生较高的经济效益。

4.20 输变配装备技术导则系列标准

《35～500kV 交流输电线路装备技术导则》《35～500kV 变电站装备技术导则》及《20kV 及以下电网装备技术导则》主要包括以下几方面内容：范围、规范性引用文件、术语和定义、总则、通用技术原则、设备选型等重要内容。输电装备技术导则重点对元件选型提出具体要求，包括导地线、绝缘子与金具、杆塔、基础等；变电装备技术导则重点对变压器、并联电抗器、断路器、隔离开关互感器等提出具体要求；配电装备技术导则重点介绍配电站及开关站布置形式、主要电气一次设备、配电自动化、继电保护与自动装置、分布式电源与微电网、充电站与充电桩等选型要求。装备技术导则系列标准明确了电网各电压等级装备的基本技术原则与要求，具有很强的指导意义。在该系列技术导则指导下，南方电网进一步强化了输变配设备设施在电网规划、设计、建设、技改、运维、抢修、应急等要求，为确保电网安全稳定运行奠定基础。

4.20.1 主要特点

《35～500kV 交流输电线路装备技术导则》《35～500kV 变电站装备技术导则》及《20kV 及以下电网装备技术导则》系列标准均为企业标准，拥有自主知识产权，在指导全网输变配电网规划建设等方面发挥重要作用。具有以下特点：

（1）规范性：以国家及行业有关法律、法规、标准为基础，规定了中国南方电网有限责任公司电网装备的基本技术原则与要求。

（2）统一性：结合南方电网装备技术水平、运行经验和管理要求，适用于南方电网及所属（含代管）各单位电网工程的新建和改（扩）建工程的设备选型与配置。

（3）指导性：明确规定了电网装备的基本技术原则与要求，具有很强的指导意义。

（4）强制性：是最低限度的技术要求，凡本标准未作规定，但在相关的国家标准、行业标准或 IEC 标准中有规定的条文，应按上述标准条文中的最高要求执行。

为确保电网装备技术导则及系列标准在电网建设、改造、运行工作过程中得到中国南方电网有限责任公司及所属各单位的贯彻和落实，有效指导电网建设过程中设备的配置和选型，保障电网新建、改造工程质量，编制过程中创造性地采取了以下措施：

1）多次按需求滚动修编：导则归口管理部门南方电网生产技术部制定了不断改进更新的滚动修编机制，时刻关注国内外智能电网发展新技术，同时在导则推行应用期间也积极收集基层单位和人员的反馈意见，适时启动修编工作，确保导则的时效性。例如，以配网装备技术导则为例，2016年距离上一版导则应用已超过两年，考虑到设备与技术的更新换代、新能源接入对电网提出的新要求，因此，2016年3月起开始了对导则的修编。第一版导则为2009年发布并实施的《110kV及以下配电网装备技术导则》，2014年修订了第二版《20kV及以下电网装备技术导则》，2017年1月1日再次发布第三版《20kV及以下电网装备技术导则》。

2）多专业专家深度参与：邀请了南方电网网、省、地（市）各层级以及南方区域的主要设计单位和电力科研单位长期从事电网设计、建设、运行、营销的资深专家深度参与集中编制的工作，编制过程中充分讨论，仔细推敲，成稿后多次向同行征求意见并组织业内资深专家进行评审，广泛听取专家意见，力求使导则在符合相关的国家标准、行业标准或IEC标准的前提下，最大限度地反映南方电网真实情况。

4.20.2　实施应用情况

南方电网装备技术导则系列标准先后发布，《35～500kV 变电站装备技术导则》于2014年8月21日发布，同时开始实施；《35～500kV 交流输电线路装备技术导则》于2015年1月31日发布，2月1日开始实施；《20kV及以下电网装备技术导则》（2017版）已于2016年12月31日发布，2017年1月1日开始实施。标准应用领域包括南方电网各电压等级电网装备的技术原则与要求，多方位提高南方电网电网相关技术和装备水平，规范了设备配置与选型，促进装备技术向生产、经营、发展各个方面和各个环节渗透。

南方电网装备技术导则系列标准已在南方电网区域（含超高压公司、广东电网、广西电网、云南电网、贵州电网、海南电网、广州供电局、深圳供电局）全面推行，推行普及率100%。

4.20.3　社会效益和经济效益

1．标准实施产生的社会效益情况

南方电网装备技术导则系列标准的实施，多方位提高南方电网输变配设备设施相关技术和装备水平，有效促进电力装备制造产业的优化提升，提升电网公司和电力设备制造行业的整体水平和国际竞争力；通过提高装备技术水平，提高抗灾能力，有效保障人民生命和财产安全。

在防灾抗灾方面，导则分别从防风、防震、防冰、防洪防汛、防火、防雷六个方面构建了系统的建设标准及设备选型规范。输变配电网的防灾减灾建设从地质勘探、辅助设备选址选线开始，根据不同风区、雷区、冰区等级对电网进行相应的防灾等级设定，并对防灾设备及相应配套保护设备进行统一规范，最终实现提升主配电网对自然灾害防御能力的目的。

在主网防灾抗灾方面，导则在充分总结近年来台风受损等教训，借鉴防风加固成功经验，通过选址选线、设计风速取值、防风设计手段等方式提升沿海电网的防风抗风能力，确保沿海电网尽量少受损，电网可尽快恢复等。

在防范社会人员触电方面，导则通过对中性点接地形式以及其保护功能的配置进行明确要求，确保不同接地系统故障跳闸，保障了电网安全。通过配置小电流选线跳闸保护装置（要求装置选线跳闸准确率不低于 90%），电网具备不接地系统选线跳闸功能，降低发生触电风险。导则通过加强电网各类自然灾害的能力，提升中性点接地对防触电的保障作用，规范"最后一公里"的低压接线等，为配电网安全运行提供了可靠的技术依据。

2．标准实施产生的经济效益情况

南方电网装备技术导则系列标准的实施，规范了设备配置与选型，大幅提高了装备技术水平，减少了设备故障抢修成本；同时，设备配置与选型的规范化和标准化，促进了设计标准化、采购标准化、建设标准化，大幅提高项目建设效率、减低了建设成本。经测算，全网由于质量问题导致设备故障抢修减少 40%以上，抢修成本降低超过 15 亿元/年；由于设计标准化、采购标准化、建设标准化减低了建设成本超过 30 亿元/年。

参 考 文 献

［1］康俊生，晏绍庆，韩晶，马娜，路欢欢．谈谈我国标准化宣贯培训体系［J］．大众标准化．2017
（01）．

［2］甘藏春，田世宏．中华人民共和国标准化法释义［M］．北京：中国法制出版社，2017．

［3］卜海，高圣平，王玉英，邵男．国内外标准经济效益评价方法现状及发展趋势［J］．石油工程技
术监督，2015．

［4］冯文希．标准化良好行为企业创建工作在经济社会发展中的效益分析——以广州为例［J］．中国
质量与标准导报，2017．

［5］国家标准技术审查部．标准研制与审查［M］．北京：中国标准出版社，2014．

［6］国家电网公司科技部．国家电网公司技术标准制修订手册［M］．北京：中国电力出版社，2017．

［7］王文静，常飞宇．编写企业标准存在的几个问题［J］．石油工业技术监督，1998（9）：21．